国家出版基金项目
NATIONAL PUBLICATION FOUNDATION

中国传统村落文化抢救与研究

文化区系列

吴必虎 罗德胤 张晓虹 汤敏 ◎ 主编

邢慧斌 ◎ 编著

黄淮海传统村落

海天出版社
·深圳·

图书在版编目（CIP）数据

黄淮海传统村落 / 吴必虎等主编. — 深圳：海天出版社，2020.12

（中国传统村落文化抢救与研究. 文化区系列）

ISBN 978-7-5507-2977-3

Ⅰ. ①黄… Ⅱ. ①吴… Ⅲ. ①村落－研究－中国 Ⅳ. ①K928.5

中国版本图书馆CIP数据核字（2020）第157702号

审图号：GS（2020）5315号

黄淮海传统村落
HUANGHUAIHAI CHUANTONG CUNLUO

出 品 人	聂雄前
项目策划	许全军
项目统筹	南　芳
责任编辑	童　芳
责任校对	万妮霞
责任技编	郑　欢
装帧设计	知行格致

出版发行	海天出版社
地　　址	深圳市彩田南路海天综合大厦（518033）
网　　址	www.htph.com.cn
订购电话	0755-83460239（邮购、团购）
设计制作	深圳市知行格致文化传播有限公司　Tel：0755-83464427
印　　刷	中华商务联合印刷（广东）有限公司
开　　本	787mm×1092mm　1/16
印　　张	16.5
字　　数	206千
版　　次	2020年12月第1版
印　　次	2020年12月第1次
定　　价	398.00元

海天版图书版权所有，侵权必究。
海天版图书凡有印装质量问题，请随时向承印厂调换。

"中国传统村落文化抢救与研究·文化区系列"编委会

EDITORIAL COMMITTEE

丛书主编：吴必虎　罗德胤　张晓虹　汤　敏

《中国传统村落概论》

编委会主任：张宝秀、成志芬

编委会成员：朱永杰、刘剑刚、李　扬、
　　　　　　时少华、张　勃、苑焕乔、
　　　　　　周爱华

编写分工：第一章　张宝秀、成志芬
　　　　　第二章　朱永杰
　　　　　第三章　刘剑刚
　　　　　第四章　李　扬
　　　　　第五章　成志芬、苑焕乔
　　　　　第六章　张　勃、李　扬
　　　　　第七章　时少华

《中原传统村落》

编委会主任：丁　华、张　东、
　　　　　　杨　博、郭晋媛

编委会成员：杨晓俊、戴　宏、刘改芳、
　　　　　　栗晓楠、刘　晗、姚　浪、
　　　　　　李羿祥、薛艳青、戴景文、
　　　　　　蒋星怡、朱凯凯、黄静怡、
　　　　　　廖文强、张　悦、陈鑫源、
　　　　　　陈姗姗、陈添珍、高媛媛、
　　　　　　刘丽丽、易远铨、黎燕君、
　　　　　　王　坤、易　雪、萧僖雯、
　　　　　　沈思源、苏小燕

《徽州传统村落》

编委会主任：张云彬、张宏梅、王　娟

编委会成员：张　茹、沈思佳、张业臣、
　　　　　　张小军、闻　飞、方敦礼

编写分工：第一章　张云彬
　　　　　第二章　张宏梅、张云彬
　　　　　第三章　张云彬
　　　　　第四章　王　娟
　　　　　第五章　张云彬、张宏梅、
　　　　　　　　　王　娟
　　　　　第六章　张宏梅

《荆楚传统村落》

编委会主任：龚胜生、何小芊、胡　娟、
　　　　　　陈丽军

编委会成员：伍昌友、李孜沫、魏幼红、
　　　　　　张　涛

编写分工：第一章　龚胜生、何小芊
　　　　　第二章　何小芊
　　　　　第三章　胡　娟、龚胜生
　　　　　第四章　胡　娟
　　　　　第五章　陈丽军
　　　　　第六章　陈丽军
　　　　　第七章　何小芊

《客家传统村落》

编委会主任：陈 川
编委会成员：萧清碧、黄宗焕、李长青、
　　　　　　何烈孝、沈 洁
编写分工：第一章　陈 川、萧清碧
　　　　　第二章　陈 川、萧清碧
　　　　　第三章　萧清碧、陈 川、
　　　　　　　　　黄宗焕、李长青
　　　　　第四章　萧清碧、陈 川、
　　　　　　　　　黄宗焕
　　　　　第五章　萧清碧、李长青、
　　　　　　　　　黄宗焕、陈 川
　　　　　第六章　陈 川、萧清碧、
　　　　　　　　　黄宗焕、何烈孝

《西南传统村落》

编委会主任：刘丹萍、高 璟、吴艳阳、
　　　　　　徐 燕
编委会成员：陈玲玲、刘博宇、郭可欣、
　　　　　　赵昱嫣、郭聪聪、方家刚、
　　　　　　宋尚周
编写分工：第一章　刘丹萍、高 璟
　　　　　第二章　刘丹萍、高 璟
　　　　　第三章　刘丹萍、高 璟
　　　　　第四章　刘丹萍、高 璟
　　　　　第五章　刘丹萍、高 璟、
　　　　　　　　　吴艳阳、徐 燕
　　　　　第六章　刘丹萍、高 璟

《关东传统村落》

编委会主任：朱晓蕾、王福刚
编委会成员：付 卉、甘 静
编写分工：第一章　付 卉、朱晓蕾
　　　　　第二章　朱晓蕾
　　　　　第三章　王福刚
　　　　　第四章　朱晓蕾
　　　　　第五章　甘 静、朱晓蕾、
　　　　　　　　　王福刚
　　　　　第六章　朱晓蕾

《吴越传统村落》

编委会主任：崔 峰、王丽娴、张光明
编委会成员：千继贤、王 瑜、朱晓庆、
　　　　　　尤 峰
编写分工：第一章　崔 峰、朱晓庆
　　　　　第二章　崔 峰、千继贤
　　　　　第三章　王丽娴、崔 峰
　　　　　第四章　王 瑜
　　　　　第五章　崔 峰、尤 峰
　　　　　第六章　张光明

《西北传统村落》

编委会主任：李 丁、苗 红、冶建明
编委会成员：韩雅敏、林 燕、孟 璐、
　　　　　　王文倩、李珍珍、黄 雪、
　　　　　　耿一睿、刘国锋、王 芸、
　　　　　　王 宁、余 洋、王 鑫
编写分工：第一章　李 丁、苗 红、
　　　　　　　　　冶建明
　　　　　第二章　李 丁
　　　　　第三章　苗 红
　　　　　第四章　冶建明
　　　　　第五章　李 丁、苗 红、
　　　　　　　　　冶建明

《滨海传统村落》

编委会主任：裴 丹
编委会成员：黄丽华、严琳霞、李丹洋、
　　　　　　尚珍宇
编写分工：第一章　裴 丹
　　　　　第二章　裴 丹
　　　　　第三章　尚珍宇、裴 丹
　　　　　第四章　李丹洋、严琳霞、
　　　　　　　　　裴 丹
　　　　　第五章　黄丽华、严琳霞、
　　　　　　　　　李丹洋、裴 丹
　　　　　第六章　严琳霞、裴 丹

《黄淮海传统村落》

编委会主任：邢慧斌
编委会成员：魏云刚、孙庆久、佟 薇、
　　　　　　吴 军、马 晓
编写分工：第一章　佟 薇、邢慧斌
　　　　　第二章　孙庆久、邢慧斌
　　　　　第三章　马 晓、邢慧斌
　　　　　第四章　魏云刚、邢慧斌
　　　　　第五章　吴 军、邢慧斌

《巴蜀传统村落》

编委会主任：刘小方、李小波
编委会成员：纪凤仪、冯祉烨、王晓文
编写分工：第一章　冯祉烨、刘小方、
　　　　　　　　　李小波
　　　　　第二章　冯祉烨
　　　　　第三章　刘小方、冯祉烨
　　　　　第四章　纪凤仪

《藏蒙传统村落》

编委会主任：朱普选
编委会成员：明庆中、梁旺兵、曾　谦、
　　　　　　琼　达、罗赞敏、黄　丽、
　　　　　　尚前浪、先　巴、秦　旭、
　　　　　　李　凡、阿荣娜、肖卫东、
　　　　　　史家铭、达　桑、慈尚普、
　　　　　　蒋其平
编写分工：第一章　朱普选
　　　　　第二章　琼　达、肖卫东、
　　　　　　　　　史家铭、达　桑、
　　　　　　　　　慈尚普、蒋其平
　　　　　第三章　罗赞敏、先　巴
　　　　　第四章　梁旺兵、秦　旭
　　　　　第五章　黄　丽
　　　　　第六章　尚前浪、李　凡、
　　　　　　　　　明庆中
　　　　　第七章　曾　谦、阿荣娜

《东南传统村落》

编委会主任：吴荣华、王国栋、郑庆之、
　　　　　　黄丽华
编委会成员：叶乃齐、冯仕晏、曾健鹏、
　　　　　　陈秋晓、邓冰蓉
编写分工：第一章　王国栋
　　　　　第二章　王国栋
　　　　　第三章　郑庆之
　　　　　第四章　吴荣华
　　　　　第五章　吴荣华、王国栋、
　　　　　　　　　黄丽华
　　　　　第六章　吴荣华、王国栋、
　　　　　　　　　黄丽华

《江淮传统村落》

吴小伟　编著

致谢

林丽琴、姜丽黎、宋尚周、谢冶凤、王梦婷、王定镇、王　琳、周爱清、陈建茂、于小强

序言
PREFACE

　　进入二十一世纪的中国，城市化进程发展十分迅速。城市化脚步之快，快过了这个社会的思考的速度。在这样一种背景下，大量的农业人口进城，大量的乡村"空心化"，伴随着相当长的一个时期内地方发展对土地财政的严重依赖，在村集体所有制的宅基地制度基础上农民对乡村规划建设的弱势地位，以及其他一些社会经济和文化原因，导致了中国传统村落大片大片消失。正如一大批分布于全国各地，从事各行各业，痛惜于传统村落的快速消亡，钟情于怀念美丽田园生活里的梦幻童年，致力于利用各种方式抢救濒于困境的故土，投身于丰富多姿的乡村文化遗产研究领域的人们一样，五六年前我们几个志同道合的小伙伴，清华大学建筑学院的罗德胤副教授，北京大学俞孔坚教授的学生、古村之友发起人汤敏硕士，浙江桐乡乌镇和北京古北水镇主理人陈向宏先生，发起成立了古村镇大会，并分别在浙江乌镇、山东滨州、北京古北水镇和山西碛口古镇，召开了四次古村镇大会。在办会过程中，几位会议创办人提起了组织编辑出版一套古村研究丛书的想法，这一想法得到了深圳海天出版社的支持，申报了"十三五"出版规划，并顺利获得批准立项。

这套丛书的框架相当庞大，初步设想包括文化区系列、物质文化系列和非物质文化系列。这么庞大的系列，组织起来难度可想而知。为了增强组织和编写力量，我们又邀请了复旦大学中国历史地理研究所所长张晓虹教授加盟。目前推出的十五册，仅是其中第一辑文化区系列。

为什么要从文化区视角组织第一辑系列丛书？这主要基于中国传统村落形成发展于中国广袤的国土、悠久的历史、多民族共融的文化视角的考虑。

从自然地理角度看，中国南北横跨热带、亚热带和温带三个气候地带，东西纵盖60多个经度，具有东部滨海平原、中部山地高原盆地、西部干旱沙漠和高寒山地高原等多种地貌形态，海拔高度又具有从海平面以下数百米到世界屋脊最高峰8848.86米的最大高差形成的垂直气候带和植被带。在这么广阔、多样的自然地理条件下形成的村落，必然呈现出世界上最为丰富的聚落景观和文化形态。

此外，动辄数千年的悠久历史和历史上波澜壮阔的人口迁移与融合，又为传统村落打上了深厚文化底蕴和丰富民族特色的烙印。

基于以上几个条件，实际上，文化区系列的传统村落，从一个较为宏观的层面，而非村落本身，更非民居建筑单体，来呈现和传承中国灿烂多姿的乡村文明画卷。

第一辑文化区系列的传统村落板块，除了第一册《中国传统村落概论》综述其概，其余十四册基本上放在特定文化区的概述、物质文化、非物质文化，以及传统村落文化保护与旅游活化这样一个基本结构内阐述。其中绝大多数分册表述的是一个较为连续的地域单元，如中原、江淮、巴蜀、客家等文化区，这些文化区虽然具有基本上一致的身份认同，但具体绘制到地图上时，并非易事。

文化区属于一种人类认知的范畴，不仅难以提出统一准确的判别标准，而且即使有一些参数可供核准，但在不同的审视者眼里得到的评价结果也会存在不同。另外，人口迁移、现代化冲击和民族融合，也客观存在着两种甚至更多的文化融合，出现了一些所谓的文化叠合区域。例如，在讨论青藏高原时，可以把青海与西藏视为一个整体区域，但实际上青海除了藏蒙文化，在接近甘肃和新疆的部分，也还有相当多的西北文化。此外，在中原文化区与黄淮海文化区之间、中原文化区与江淮文化区之间、吴越文化区与徽州文化区之间，也都存在一定程度的文化叠合现象。

一般情况下，文化区应该是连续的地域空间，但也有个别情况比较特殊，一个是藏蒙文化，它是按照藏传佛教的分布特点来组织的，藏传佛教影响区的村落或集镇，都有围绕喇嘛庙而建设的特点，它们在空间上地域非常广大。另一个是滨海文化，它是按照临海居岛的地理特点来组织的，涉及中国一万多公里的海岸线，北面涉及黄渤海，中间是东海，南部是南海，这些绵长的海岸线和有人居住的岛屿上，形成的岛居海厝不仅独具一格，而且同样彰显中国自身的海洋文化。关于这一点，过去的传统村落研究，常常并未加以足够重视。

包括传统村落在内的文化景观具有丰富的多样性，区域多样性是其突出表现之一。这套丛书力图通过对进入官方视野、获得几个部委共同颁布的传统村落体系的乡村聚落为主要探讨对象的分析，来获得社会更加广泛的注意，让更多的机构和社会各阶层关注传统村落的传承和发展，唤起更多的部门和公众研究传统村落传承和发展过程中存在的政策、法规、理念与价值冲突，共同寻求其解决之道，为中国传统村落这一特殊文化景观的保护和长期发展贡献一份自己的力量。

吴必虎

2020 年 12 月 11 日

于北京大学逸夫二楼

目录

CONTENTS

第一章 黄淮海传统村落的演变及景观成因 001

第一节 黄淮海传统村落的历史演变 / 003
一、黄淮海传统村落在中国传统村落体系中的地位 / 004
二、黄淮海传统村落的空间分布特征 / 008
三、黄淮海地区的人口分布、迁移与传统村落的形成、变迁 / 010

第二节 黄淮海传统村落的景观特点 / 018
一、黄淮海传统村落的形成机理 / 018
二、黄淮海传统村落的特色景观 / 021

第二章 黄淮海传统村落的物质文化景观 027

第一节 黄淮海传统村落的物质文化景观概况 / 028
一、黄淮海传统村落中物质文化景观的时空演变 / 029
二、黄淮海传统村落中物质文化景观的形态特征 / 030
三、黄淮海传统村落中物质文化景观的构成要素 / 031

第二节　黄淮海传统村落的建筑景观 / 033
　　一、村落选址与空间布局 / 033
　　二、村落形态与建筑形式 / 038
　　三、院落结构与建筑材料 / 041
　　四、采暖系统 / 047

第三章　黄淮海传统村落的非物质文化景观　051

第一节　黄淮海传统村落的非物质文化景观概况 / 052
　　一、与黄河息息相关 / 052
　　二、农耕文明积累深厚 / 053
　　三、深受区位的影响 / 054

第二节　黄淮海传统村落的民间信仰 / 055
　　一、黄淮海传统村落的信仰体系 / 056
　　二、黄淮海传统村落信奉的主要神灵 / 059
　　三、黄淮海传统村落的庙会 / 065

第三节　黄淮海传统村落的重要民俗 / 068
　　一、结婚与婚礼 / 068
　　二、丧葬与祭祀 / 072

第四节　黄淮海地区的传统节俗 / 081
　　一、春节前后的节俗 / 081
　　二、农历上半年的节俗 / 085
　　三、农历秋季的节俗 / 086
　　四、农历冬季的节俗 / 087

第五节　黄淮海传统村落的饮食习俗 / 089
　　一、食物类别 / 089
　　二、特色菜系 / 092
　　三、风味小吃 / 095

第六节　黄淮海传统村落的文体艺术 / 100
　　一、地方戏曲 / 100
　　二、本土音乐 / 110
　　三、民间舞蹈 / 112
　　四、传统体育 / 114
　　五、地方曲艺 / 117

第四章　黄淮海传统村落的典型案例　121

第一节　永定河流域的传统村落 / 122
　　一、分布规律与特征 / 122
　　二、典型村落 / 123

第二节　蓟州、大运河的传统村落 / 131
　　一、分布规律与特征 / 131
　　二、典型村落 / 132

第三节　太行山区、海河平原的传统村落 / 144
　　一、分布规律与特征 / 144
　　二、典型村落 / 145

第四节　大汶河、鲁中山区、胶东半岛的
　　　　传统村落 / 168
　　一、分布规律与特征 / 168
　　二、典型村落 / 169

第五章　黄淮海传统村落的保护与旅游活化　175

第一节　黄淮海传统村落的保护 / 176
　　一、黄淮海传统村落的保护现状 / 177
　　二、黄淮海传统村落的保护路径 / 181

第二节　黄淮海乡土文化的传承与发展 / 184
　　一、传统服饰 / 185

二、饮食风俗 / 186
　　三、人生礼仪 / 186
　　四、岁时节日 / 187
　　五、民间技艺 / 187
　　六、寻根祭祖 / 188

第三节　旅游开发在黄淮海传统村落活化中的
　　　　作用 / 189
　　一、黄淮海传统村落的旅游开发历程 / 189
　　二、旅游开发对黄淮海传统村落的影响 / 194

第四节　黄淮海传统村落的旅游活化案例 / 197
　　一、北京市门头沟区斋堂镇爨底下村 / 197
　　二、河北省保定市清苑区冉庄镇冉庄村 / 205
　　三、河南省新乡市辉县市沙窑乡郭亮村 / 210
　　四、山东省临沂市沂南县马牧池乡常山庄村 / 215
　　五、山东省枣庄市山亭区山城街道兴隆庄村 / 220
　　六、江苏省盐城市大丰区草堰镇草堰村 / 225

参考文献 / 230

附录：黄淮海传统村落名单 / 233

后记 / 244

中国传统村落文化抢救与研究

文化区系列

第一章

Chinese Traditional Villages 村落

黄淮海传统村落的演变及景观成因

传统村落是地域文化的重要载体。与一般的乡村相比，传统村落承载着更多的乡愁和历史信息。然而，随着城镇化进程的加快和城市规模的扩大，大量的乡村人口融入城市，传统村落赖以存在和发展的根基受到影响，对村落的文化造成极大的冲击，传统村落的生存环境岌岌可危。面对这种情况，我国于2012年启动抢救性的传统村落保护工作。截至2016年12月，住房城乡建设部、文化部（现文化和旅游部）、财政部等政府部门公布了四批中国传统村落名录。[①]根据国家规定，村落一旦被列入中国传统村落名录，就不得拆迁、合并，这样的举措为传统村落的保护与利用带来了新的发展机遇。

国外学者对传统村落的关注和研究较早，涉及传统村落的文化、村落的可持续发展、村落景观、传统村落的旅游从业人员与游客的心理意向等诸多方面。国内学者的研究则主要集中于传统村落的空间形态、景观意向、价值评价及其保护、旅游开发及影响等方面。综合来看，目前的研究大多从历史学、旅游学、建筑学等角度进行。本书主要对黄淮海传统村落的演变及景观成因、传统村落的物质文化景观与非物质文化景观、典型的传统村落、传统村落活化案例进行研究，以期为黄淮海传统村落的合理保护与开发提供参考和借鉴。

---

① 编者按：本书从2017年开始策划，因此只研究了前四批中国传统村落名录。

第一节
黄淮海传统村落的历史演变

传统村落是传统文化遗产的重要组成部分之一，它见证了历史的变迁和文化的传承。[①]"传统村落"包含三个层次：一是"传统"，指传承下来的物质形态和非物质形态；二是"村"，指乡村或农村——以农耕文明为主题的乡村社会；三是"落"，指聚落——人类为了某种目的而聚集在一起，有共同的价值观念，生活在一起。2012年4月，住房城乡建设部、文化部、国家文物局、财政部印发的《关于开展传统村落调查的通知》中明确说明"传统村落是指村落形成较早，拥有较丰富的传统资源，具有一定历史、文化、科学、艺术、社会、经济价值，应予以保护的村落"。[②]2012年8月，《传统村落评价认定指标体系（试行）》印发。传统村落的评定主要"从聚落、建筑和非遗这三个因素来考量，聚落指村落选址、布局，建筑指现存传统建筑，包括历史较长的或以传统技术建造的"。[③]传统村落真实地记录了传统建筑形态及其营造技术，展现了独特的传统民风民俗，并一直服务于人类社会，是中国物质文化遗产与非物质文化遗产的载体。

[①] 陈喆，周涵滔.基于自组织理论的传统村落更新与新民居建设研究[J].建筑学报，2012（4）：109-114.
[②] 孙九霞.传统村落：理论内涵与发展路径[J].旅游学刊，2017（1）：1-3.
[③] 罗德胤.中国传统村落谱系建立刍议[J].世界建筑，2014（6）：104-107.

一、黄淮海传统村落在中国传统村落体系中的地位

从地理上来说，黄淮海地区主体是黄河、淮河、海河及其支流冲积而成的华北平原（又称"黄淮海平原"），以及与其毗连的鲁中南丘陵、山东半岛。从行政区划来说，黄淮海地区大致包括北京、天津、山东三省市的全部，河北和河南两省的大部，以及江苏、安徽两省的北部。本书中黄淮海传统村落即指北京市、天津市、山东省、河北省、河南省中东部、江苏省北部、安徽省北部等区域内国家已公布的传统村落。据已经公布的前四批中国传统村落名录，全国共有4153个传统村落，其中黄淮海地区的传统村落有308个，占全国的7.4%。由于各省份自然地理环境不同，传统村落的空间分布密度也呈现出明显的差异。全国传统村落空间分布密度约4.33个/万平方千米，黄淮海地区内各行政区传统村落的分布密度也有差异，其中北京市、山东省、河北省的传统村落分布密度高于全国平均水平（如表1-1所示）。[1]

表1-1 黄淮海地区传统村落的分布密度

行政区	数量/个	面积/万平方千米	分布密度/（个/万平方千米）
北京市	21	1.64	12.80
天津市	3	1.20	2.50
山东省	75	15.80	4.75
河北省	145	18.88	7.68
河南省中东部	62		
江苏省北部	2		
安徽省北部	—		

注：根据已公布的前四批中国传统村落名录整理统计。

---

[1] 因黄淮海地区所包含的河南省中东部、江苏省北部的土地面积现暂时难以确切统计，表1-1中没有计算河南省中东部、江苏省北部传统村落的分布密度。

由表 1-1 可知，我国传统村落在各省市分布的情况差异显著，黄淮海地区仅北京市传统村落的分布密度在 10 个 / 万平方千米以上，其他省市的分布密度要低于浙江、贵州、江西、湖南等省份。

根据刘大均、胡静等人对全国传统村落的核密度估计，发现全国传统村落空间分布存在四个明显的集聚区，核心—边缘状分布格局较为明显。其中四个集聚区分别是滇西北地区、黔东南地区、中原地区以及皖南—浙西地区（见图 1-1），这种格局的形成与人口分布、地形地貌因素的影响有关。[①] 黄淮海地区也包含着传统村落分布的集聚区——中原地区，该区域传统村落分布的核密度较高，可见其在全国传统村落体系中占据重要的位置。

从全国八大分区[②]来看，区域差异非常明显（详见图 1-2 与表 1-2）。综观传统村落的空间分布，呈现出由西南、东南向东北、西北递减的特征。从传统村落的分布密度来看，黄河中游地区居于第三位，北部沿海地区居于第六位，黄淮海地区与北部沿海地区、黄河中游地区的范围有重合之处，可见黄淮海传统村落的分布密度高于东北地区、西北地区，在北方传统村落的发展中具有重要的作用。

黄淮海地区的地形地貌兼有山地、平原的特征，是我国重要的农业中心之一。该区域内村落的经济形式以农业生产为主，而传统村落的空间分布与农业发展、人口增长密切相关，所以该区

---

① 刘大均，胡静，陈君子，等 . 中国传统村落的空间分布格局研究 [J]. 中国人口·资源与环境，2014（4）：157-162.
② 全国八大分区：东北地区包括吉林、辽宁、黑龙江，北部沿海地区包括北京、天津、河北、山东，东部沿海地区包括上海、浙江、江苏，南部沿海地区包括福建、广东、海南，黄河中游地区包括陕西、山西、河南、内蒙古，长江中游地区包括湖北、湖南、江西、安徽，西南地区包括广西、云南、贵州、四川、重庆，西北地区包括甘肃、青海、宁夏、西藏、新疆。

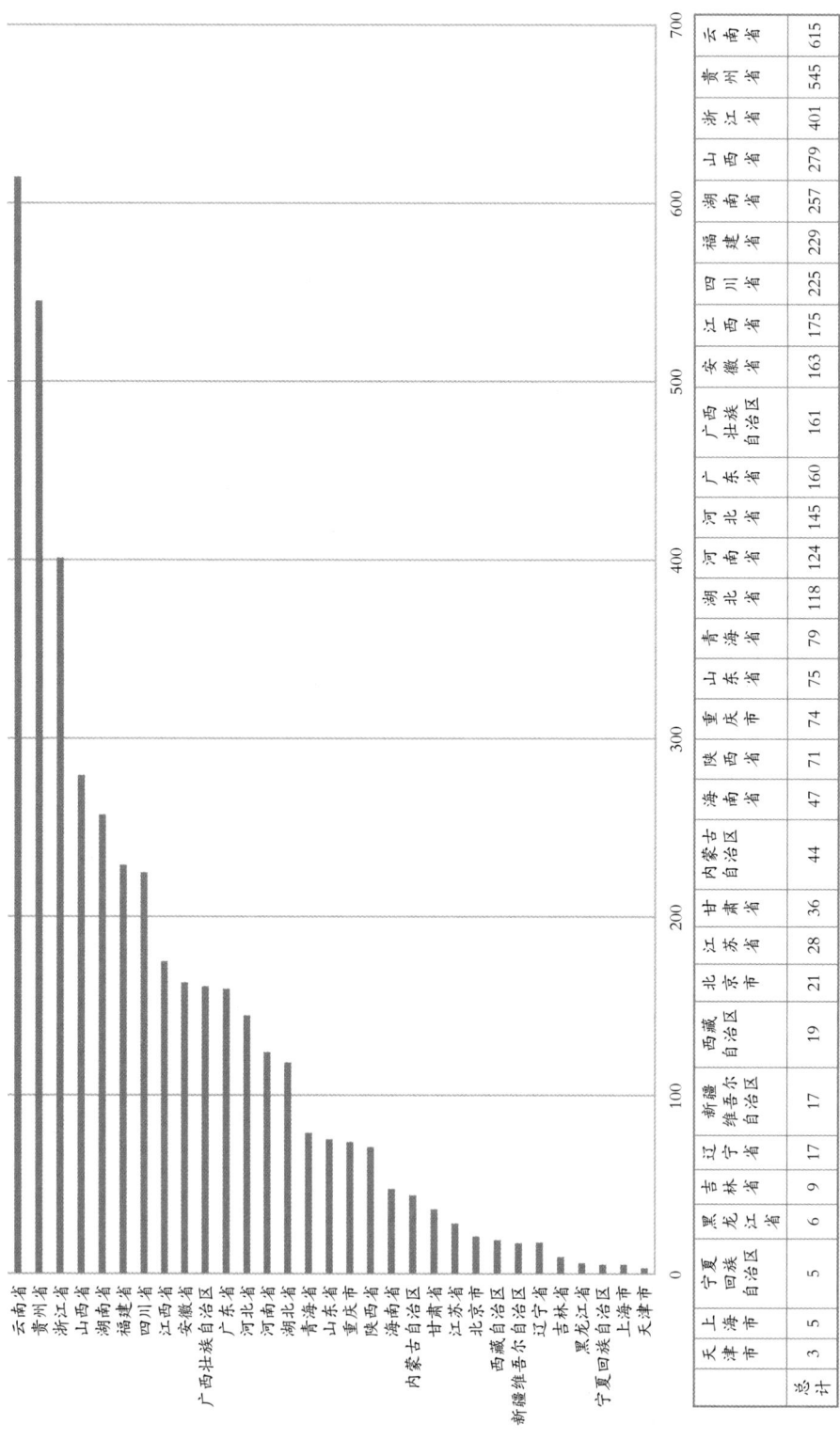

图1-1 中国各省、自治区、直辖市传统村落的数量

注：根据已公布的前四批中国传统村落名录整理绘制。

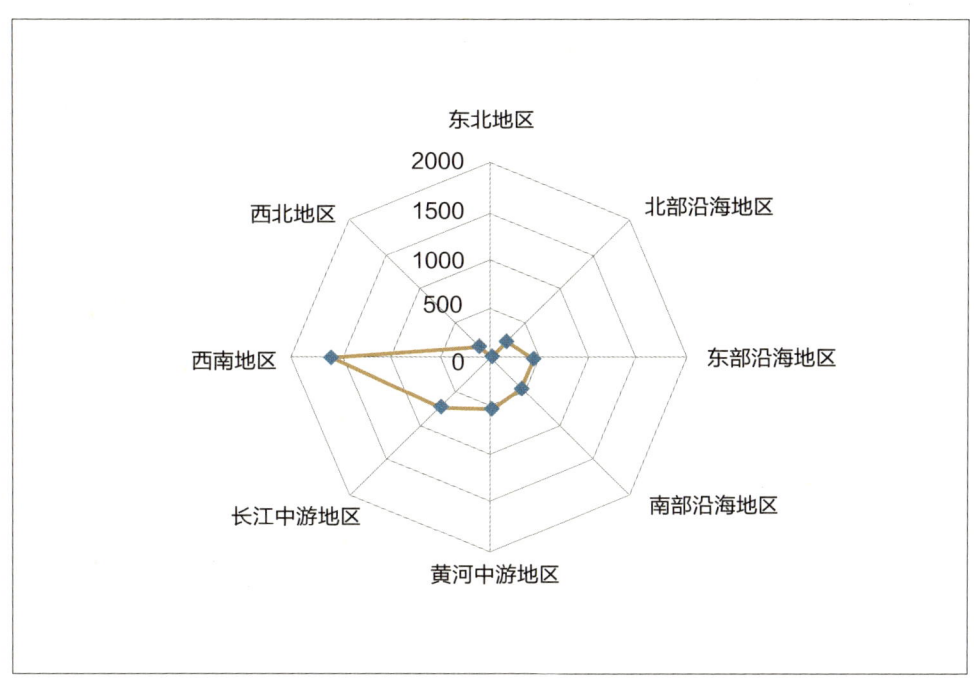

图 1-2 中国传统村落在八大区域的空间分布

表 1-2 中国传统村落的区域分布

区域	村落总量/个	所占比例/%	面积/万平方千米	密度/（个/万平方千米）
西南地区	1620	39	135.9	11.92
长江中游地区	713	17.2	70.44	10.12
黄河中游地区	518	12.5	171.19	3.03
南部沿海地区	436	10.5	33.53	13.00
东部沿海地区	434	10.5	21.09	20.58
北部沿海地区	244	5.9	36.96	6.60
西北地区	156	3.8	413.11	0.38
东北地区	32	0.8	78.81	0.41

注：根据已公布的前四批中国传统村落名录整理统计。

域内传统村落的空间分布密度高于东北地区、西北地区。黄淮海地区的传统村落具有明显的北方文化特征，对北方传统村落的发展有着重要影响。

二、黄淮海传统村落的空间分布特征

黄淮海地区北起长城，南至桐柏山、大别山北麓（由于历史上黄河夺淮在江苏黄河冲积平原影响范围南面扩展至通扬运河一线），西倚太行山和豫西伏牛山地，东濒渤海和黄海，主体为由黄河、淮河、海河及其支流冲积而成的华北平原，以及山东中南部丘陵、山东半岛所构成。所涉行政区有北京、天津、山东，河北、河南两省的大部，江苏、安徽两省的北部，共53个地市，376个县（市、区），土地总面积46.95万平方千米[①]。该地区与人们通常所讲的华北地区的范围大体相近（不包括山西等地），因此有关华北村落的研究成果亦可为本书的研究提供参考和借鉴。

黄淮海地区除山东半岛属丘陵山区外，其余地区均为冲积平原，由海河平原和黄淮平原构成。村落选址是人与自然互动、对话的结果，营建村落首先要考察选址地的自然地理环境，如地形、地势、水源、植被、风向等因素。正如陈寅恪总结聚落的选址所言："凡聚众据险者因欲久支岁月及给养能自足之故，必择险阻而又可以耕种及有水泉之地。其具备此二者之地必为山顶平原，及溪涧水

---

① 李裕瑞，刘彦随，龙花楼. 黄淮海典型地区村域转型发展的特征与机理[J]. 地理学报，2012（6）：771–782.

源之地，此又自然之理也。"[1] 因此，无论何种类型的村落，都是处于一定的地理环境中，"在一定的社会生产力水平下，人类活动与特定地理环境结合的产物"[2]。村落都是在特定的自然环境下，在人文历史、经济发展的影响下逐步形成的，因此聚落的空间分布特征与自然环境、社会因素等密不可分。

按照黄淮海地区所包含的行政区来统计，在前四批中国传统村落名录中，北京市有21个、天津市有3个、山东省有75个、河北省有145个、河南省中东部有62个、江苏省北部有2个传统村落，共计308个。再如表1-2所示，北部沿海地区传统村落的空间分布总量在八大区域中居于第六位，占全国传统村落总量的5.9%。北部沿海地区与黄淮海地区的范围大体相同，其传统村落的数量要少于南部沿海地区、东部沿海地区等区域，发展处于相对不利的状态。

黄淮海传统村落空间分布密度为6.56个/万平方千米，高于全国传统村落空间分布密度（4.33个/万平方千米）。黄淮海传统村落存在3个明显的集聚区：河北省石家庄市周边、邯郸市周边和河南省郑州市周边。此外，北京西部山地、山东中部山区和北部沿海地区分布也较多。传统村落的空间分布受地形地貌因素的影响较大，太行山区、山东低山丘陵地带是黄淮海传统村落的主要集聚区。

黄淮海传统村落的分布不平衡，基本上所有的村落都分布在几个市区周边，呈块状分布，以凝聚型为主。

---

[1] 陈寅恪.桃花源记旁证[J].清华大学学报（自然科学版），1936（1）：79-88.
[2] 金其铭.农村聚落地理[M].北京：科学出版社，1988.

黄淮海传统村落的空间分布呈现出明显的区域差异，传统村落的数量呈现出随着中低山—丘陵—平原海拔下降而降低的趋势，说明村落的形成和发展受地形地貌的影响较大。在低山丘陵区，传统村落主要分布在河谷地区，优越的水文条件成为推动村落发展的动力。这是因为在以农耕为主要生产方式的时期，优越的自然环境，特别是有充足水源的地方往往成为人类居住的首选之地，所以临水而居亦成为该区传统村落的主要分布特征之一，黄河、海河、淮河及其支流是村落选址的重要依据。

三、黄淮海地区的人口分布、迁移与传统村落的形成、变迁

华北平原开垦较早，村落的出现、形成与农业的发展密切相关，也有悠久的历史，村落的兴衰受到自然和社会因素的双重影响。从西周至秦汉时期，华北平原的地位重要，尤其是秦汉时期，州郡与人口大都聚集于此。但从汉末到明初，由于战乱影响，该区域的经济、文化衰落，人口锐减。14世纪元朝灭亡后，华北地区地旷人稀，缺少望族巨室和宗庙祠堂，正如光绪年间良乡县进士游观第曾云："吾乡土著，多系明成祖时迁徙之户，无甚巨族，故建祠者寥寥。"[①] 明初移民以充实京畿之地，使得村落初建，这一时期居民数量较少，"里"成为乡村政治、经济及社会生活单位。清代以后，由于人口增多，村庄扩大，原有的里、社、保等逐渐成为乡级组织，村落渐渐成为乡村的基本单位。村落的形成、迁移与人口的流动呈

---

① 周志中，吕植. 良乡县志[M]. 台北：成文出版社，1924.

正相关，而历史上人口的大规模迁移则与战乱、自然灾害以及生存空间不足等关系密切。

（一）元末明初的人口迁移与村落格局的初步形成

元末明初之际是中国历史上土地破坏较为严重的时期之一，此时连片土地荒芜，城镇与村落数量稀少，人口数量几乎降至自秦汉之后的最低值，其中华北地区尤为严重。① 由于战乱频仍，河南、河北、山东地区"多是无人之处"。天历二年（1329），"河南府路以兵、旱民饥，食人肉事觉者五十一人，饿死者千九百五十人，饥者一万七千四百余人"。② 至顺元年（1330），"汴梁、怀庆、彰德、大名、兴和、卫辉、顺德、归德及高唐、泰安、徐、邳、曹、冠等州饥民六十七万六千户，一百一万二千余口"。③ 元统元年（1333），"大霖雨，京畿水平地丈余，饥民四十余万……黄河大溢，河南水灾。两淮旱，民大饥"。④ 至正十九年（1359），"山东、河东、河南、关中等处蝗飞蔽天，人马不能行，所落沟堑尽平，民大饥……蝗自河北飞渡汴梁，食田禾一空"。⑤ 洪武元年（1368），徐达率师北伐，"徇取河北州县……人烟断绝"。⑥ 以上史料记载说明在元末明初之际，华北地区受农民战争、地方割据混乱、黄河泛滥、蝗灾频发等影响，社会秩序遭受严重的破坏，村落与人口数量急剧减少，

---

① 王张峰.明代前期华北地区移民与村落重构[J].濮阳职业技术学院学报，2017（2）：31-33.
② 宋濂.元史[M].北京：中华书局，1976：506.
③ 宋濂.元史[M].北京：中华书局，1976：523.
④ 宋濂.元史[M].北京：中华书局，1976：566.
⑤ 宋濂.元史[M].北京：中华书局，1976：658.
⑥ 台湾"中央研究院"历史语言研究所.明太祖实录[M].台北："中央研究院"历史语言研究所，1962.

出现了大片土地荒芜、无人耕种的情形。为了恢复华北地区的社会秩序，促进生产，明代初期，统治者实施了持续不断的移民迁居活动，从而在华北地区达到了"田野辟，户口增"的目的。

明代洪武年间，移民人口数量大增，北京、永平、河间、山东、河南等地的移民人口较多，不少地区属于人口重建移民区，如北平府、永平府、河间府，山东东昌、兖州西部，河南卫辉、怀庆、开封、南阳等。然而，靖难之役导致许多移民村落再一次遭到破坏，永乐年间不得不再次实行移民措施，北京城、永平府、河间府、顺天府、保定府、真定府、顺德府、广平府、大名府等成为移民的主要迁入地。[①] 由此可见，明代初期是华北地区村落的形成期。洪武年间的大量移民对上述地区村落的形成产生了重要作用，其后经不断发展，演变成了今天的村落分布格局。

此外，在日本侵华期间，日本南满洲铁道株式会社（满铁）调查机关对华北地区的一些村落开展了起源调研，见表1-3。同时期，日本学者山县千树也对华北村落进行抽样调查，见表1-4。从表中可以看出，华北地区多处村庄始于明代，与史料记载相符，移民的理由大多是河北地区地广人稀、政府鼓励移民，人民出于生存目的而形成的自发性移民，以及明初都城由南京迁至北京后，统治者采取大规模的移民策略以实京畿之地。从调查可以发现，山西省洪洞县移民所建立的村落较多，至今在中国北方地区仍流传着"问我祖先在何处，山西洪洞大槐树"的俗语。

移民极大地促进了华北地区的发展，《明史》里描绘了移民后的生产发展状况："永乐中……计是时，宇内富庶，赋入盈羡，米

---

① 曹树基.中国移民史：第五卷：明时期[M].福州：福建人民出版社，1997.

粟自输京师数百万石外,府县仓廪蓄积甚丰,至红腐不可食。"[1] 由此可见,通过移民极大地促进了该地区的农业发展,税粮增多。

表1-3 南满洲铁道株式会社调查华北各村移民的年代、移出地和理由[2]

调查村	移民年代	出身地	移民理由
沙井村	明代、元代	山西省洪洞县	河北地多人少
寺北柴村	400年前	山西省洪洞县	明初燕王扫北后人口大减
冷水沟庄	明洪武年间	河北省枣强县	山东地广人稀,朝廷鼓励向此移民
后夏寨	明永乐、万历年间	山西省洪洞县	红头军来临,大肆杀掠
侯家营	明永乐年间	山东省柳州(?)	战乱使原居民死亡殆尽,山东人迁入
吴店村	清初	南方	—
顺义县	清初	山西省	清初人口大减,清廷鼓励向此移民
冯家庄	明永乐年间	山西省洪洞县	燕王定都北京,迁民以实畿辅
吉祥寺乡	明代	山西省	—
路村	—	山西省洪洞县	—
大吕村	明永乐年间	山西省洪洞县	山西人口稠密,河北人口稀少

---

[1] 张廷玉.明史[M].北京:中华书局,1974.
[2] 从翰香.近代冀鲁豫乡村[M].北京:中国社会科学出版社,1995.

表 1-4　华北各村移民的年代、出身地[①]

省名	县名	村名	移民年代	出身地
河北省	昌黎县	前梁各庄	明永乐年间	山西省、河北省河间县
河北省	丰润县	米厂	明永乐二年	河北省正定县
河北省	平谷县	大北关	明正德年间	不详
河北省	遵化县	庐家寨	明初	不详
河北省	密云县	小营村	明初	山西省洪洞县
河北省	平谷县	夏各庄	明初（推定）	不详
河北省	平谷县	小辛寨	明初（推定）	不详
河北省	蓟县	纪各庄	不详	不详
河北省	玉田县	龙窝其他	明初	河北省北部
河北省	丰润县	焦家庄	金	陕西省
河北省	乐亭县	柏庄其他	—	—
河北省	抚宁县	郧各庄	清初	不详
河北省	庆云县	黄花马村	明初	山西省洪洞县
河北省	庆云县	县城	明初	山西省朔县
河北省	河间县	柳洼村	明初	山西省洪洞县
河北省	天津县	咸水沽	明成祖时期	江南
河北省	天津县	南羊坞头村	明初	山东省蓬莱
河北省	天津县	西大梨园坨村	明成祖时期	山西省大同府
河北省	宁津县	洼赵庄	明洪武年间	河北省迁安县
河北省	宁津县	王家窑村	明永乐年间	山东省即墨县
河北省	沧县	感化屯	明末	—
河北省	沧县	望海市	明初（推定）	浙江省绍兴府
河北省	景县	郏家小营	明永乐年间	山西省洪洞县
河北省	景县	高庄	明永乐年间	山西省洪洞县
河北省	盐山县	曾家庄	明初	山东省
河北省	盐山县	辛店镇	明中期	山东省

---

① 从翰香.近代冀鲁豫乡村[M].北京：中国社会科学出版社，1995.

续表

省名	县名	村名	移民年代	出身地
河北省	盐山县	牟家庄	明永乐末年	不详
河北省	东光县	县城（东南营街）	明初	山西省陵川县
河北省	东光县	厦子郭庄	明初	山东省即墨县
河北省	东光县	县城东关	明永乐年间	山东省即墨县
河北省	青县	河东村	北宋徽宗年间	山东
河北省	青县	李家营	明永乐年间	山西省洪洞县
河北省	青县	西河头村	明中期	浙江省
河北省	大城县	牛村	明永乐年间	山西省洪洞县
山东省	安丘县	峣山庄	明永乐初年	山西省洪洞县
山东省	济南近郊	南权府庄	明嘉靖二十年	河北省枣强县
山东省	潍县	高家楼村	明初（推定）	山西省
山东省	惠民县	孙家庙庄	明末	不详
山东省	青岛近郊	西韩哥庄	明初（推定）	不详
山东省	泰安县	涝洼庄	辽会同年间	不详
山东省	桓台县	昝家庄	明初	河北省枣强县
山东省	黄县	—	明初	安徽省北部
山东省	掖县	—	明初	四川省
河南省	彰德县	宋村	—	山西省

（二）明清以降人口的增长与村落发展的阶段特征

明清时期是中国历史上人口快速增长的时期。据学者估算，整个明代人口的最高峰出现在万历二十八年（1600），人口数量达15000万；其后大约在17世纪的第一个25年，由于受到农民起义以及水旱灾害引起的饥荒、瘟疫等因素的影响，人口出现了很大的减损，人口发展进入了相对缓慢的时期；自康熙二十二年（1683），人口增长再一次进入了快速发展期，至乾隆五十九年（1794），人口数量达 31300 万，比万历二十八年的人口数量增加了一倍多。① 截至 1953 年，全国人口已经达到 5.3 亿左右，其中农村人口的增幅明显。因受靖难之役的影响，华北地区人口数量在明代永乐以后开始进入稳定增长阶段。曹树基的研究显示，明代人口的增长速度为北方高于南方，其中华北地区在明初至万历八年（1580），人口的平均增长率在 6‰ 左右。②

村落数量增加和规模扩大说明了农村人口的增加。黄忠怀综合考察了明清华北村落的发展，指出自明代开始，华北平原的村落发展大致分为两个阶段：第一个阶段是从永乐至乾隆时期村落数量的高速发展阶段，其空间分布由点状向带状发展，已经基本形成今天的大致格局；第二个阶段是从乾隆时期至 1949 年左右，村落数量的增长渐缓，甚至出现多村合并的现象，逐渐发展为村落规模的增长。③ 此外，清代华北平原水患灾害严重，影响了华北平原村落的发展及村落之间的社会联系，沿河村落或是发生相对位置的改变，或是合并，或是分裂，从而改变了华北平原村落的布局和数量，显示出村落由小到大、由少到多的历史发展过程，这也是该区域村落演变的重要特征。④ 郑微微将河北南部低山丘陵区村落的新生归纳为迁建新生、规模新生和灾害新生三种方式，伴随着新生而来的，必然存在消亡，村落的消亡可分为消失和聚合消亡两种方式。⑤

---

① 何炳棣. 明初以降人口及其相关问题：1368—1953[M]. 葛剑雄，译. 北京：生活·读书·新知三联书店，2000.
② 曹树基. 中国人口史：第四卷：明时期 [M]. 上海：复旦大学出版社，2000.
③ 黄忠怀. 明清华北村落发展与近代基层制度变迁 [J]. 浙江学刊，2006（2）：102-106.
④ 孟祥晓. 水患视野下清代华北平原村落的分合与内聚：以卫河流域为中心 [J]. 郑州大学学报（哲学社会科学版），2016（3）：120-125.
⑤ 郑微微. 地貌与村落扩展：1753—1982 年河北南部村落研究 [J]. 中国历史地理论丛，2010（3）：138-147.

明清以降，随着村落的新生与消亡，再加上宜农的自然环境和清代200年的相对和平期，黄淮海地区的村庄分布密集，农业发展较为成熟。19世纪，一些欧洲人来华，对华北平原的人口和农业产生了深刻的印象，在他们的旅行报告中均有记载，如有人描写道："当我沿运河岸边步行时，看到的是一望无际的种着冬小麦和烟草的土地。走进村庄，总有一片片菜园，里面种着大白菜、胡萝卜、大头菜、葱和其他蔬菜。"① 还有人描写道：在北京附近的地区，"很难碰到人口比这里更密集的平原，到处可以看到大大小小的村庄"。② 还有一名西方入侵者描述道："从大沽到天津的最初30里路上，有数不清的村落，一个挨着一个，村落间的土地大都是经精心照料的果园；村庄和村中的房屋都建得不错，不少房子是砖砌的。"又报道："张家湾是一个有城墙的古老城镇，但已破旧，城内大部分是空地或菜园；但在这座凋敝的城镇周围，密布着建得很不错的村庄。"③

综合来看，黄淮海传统村落的历史演变与自然环境、自然灾害、政权变更、国家政策、人口增长与迁移息息相关。其中，自然环境在历史过程中起到了基础性的作用，并在一定程度上限制着人文因素在村落发展中的作用。由此来看，诸多因素影响了今天黄淮海传统村落的基本分布格局。

---

① 中国社会科学院近代史研究所.纪念中国社会科学院建院三十周年学术论文集：近代史研究所卷[M].北京：方志出版社，2007.
② 马若孟.中国农民经济：河北和山东的农民发展：1890—1949[M].史建云，译.南京：江苏人民出版社，2013.
③ 曹树基.中国人口史：第四卷：明时期[M].上海：复旦大学出版社，2000.

第二节
黄淮海传统村落的景观特点

一、黄淮海传统村落的形成机理

村落是人类聚居而形成的空间范围，由于生产条件的限制，其产生与发展受自然和社会因素的双重影响，因此村落的形成与其自然属性、社会属性的关系密切。

（一）自然环境方面的影响

传统村落的特色景观首先体现在村落的自然景观方面，这可以从村落的选址和区位进行分析。村落位置的选择与自然因素的关系更为密切，主要受地形地貌特征、气候和水文条件的影响；而村落内部的结构、规模与空间布局则受到社会因素的影响，与村落的社会结构、生产生活方式、民间信仰、文化传统和经济状况等关系密切。村落的选址与自然环境息息相关，但随着社会生产力的提高，在村落的形成和发展过程中，社会因素的作用更为明显。

黄淮海地区以平原、山地、丘陵为主，很多古村落都会"依山傍水"而建，既满足了生活和农业发展对水资源的需求，也可利用山作为天然屏障，保护村落安全。如北京市龙泉镇的琉璃渠村，位于龙泉镇北部，靠山临水，背靠九龙山，面朝永定河，"依山傍水"而建，自然风光壮丽宜人。黄淮海地区村落的发展经过了前村落期

（空间扩展与积聚期）、村落形成期（空间整合期）、村落发展期（空间分化期）和村落饱和期（空间裂变与再整合期）。①② 村落形成之初，零星分布，由一家一户构成，多与移民活动有关；而在村落发展的后期，随着人口的自然增长和流动，推动了零星聚落规模的扩大，人口开始向外迁移，逐渐形成了"卫星聚落"，当聚落的规模达到一定程度时，在自然、社会等因素的作用下，最终成为独立的村落，其中土地庙的出现是村落独立的标志。③

地理环境也影响了传统村落的格局。传统村落文化景观的重要特征之一是村落格局富有地方特色。例如河北邢台县英谈村，位于太行山区深处，三面环山，一侧临水。英谈村的村落在建设过程中，依靠这种独特的山水格局，依山就势而建，形成了高低错落、层层叠叠的村落分布形态。又因村落地处山区，就地取材，采用当地盛产的红色石材建造一座座具有当地特色的石头民居，造就了北方目前保存较完整的石寨，远看就像一座矗立在山林之中的红色城堡。

（二）人文环境方面的影响

按传统村落的人口来源，可将黄淮海传统村落划分为单姓的同源村落与多姓的异源村落。前村落时期是由零星的聚落向村落发展的阶段，这一时期，村落人口有自我增殖和外来人口迁入，人口的集聚促使空间扩展。明清时期的一些村落是由一户人家不断地发展、

---

① 黄忠怀.庙宇与华北平原明清村落社区的发展[J].历史地理，2006（0）：194-208.
② 黄忠怀.从土地到城隍：明清华北村落社区演变中的庙宇与空间[J].清史研究，2011（4）：91-99.
③ 黄忠怀.从聚落到村落：明清华北新兴村落的生长过程[J].河北学刊，2005（1）：199-206.

积聚，使生活空间扩大，逐渐形成单姓村落。目前还存在很多以姓氏为村名的村落，如河北省石家庄市井陉县南障城镇吕家村、河北省石家庄市井陉县于家乡于家村等都是因氏族迁居、繁衍而得名。还有河北省石家庄市井陉县梁家村、河北省邯郸市涉县宋家村、河南省平顶山市郏县山头赵村等单姓村，即村落形成时的人口为同一姓氏，或某一姓氏在村中占绝大多数。随着外地人口的涌入，一些村落的规模不断扩大，逐渐发展成为多个姓氏的村落。如河北省石家庄市鹿泉区白鹿泉乡水峪村是多姓村，据《获鹿县志》记载，水峪村始建于元代，已有近千年的历史，目前村中主要有聂、梁、东、赵、刘、张等姓氏，共400多户，1200多人。

村落在形成与发展的过程中，还可以根据其职能的差异，分为防御型村落、农耕型村落与商贸型村落三种类型。

防御型村落有明显的人工设置的防御设施，如围筑堡墙、垒建望楼等[1]，以加强村落的防御能力（包括军事防御型和生活防御型）[2]。如北京市门头沟区大台街道千军台村，西邻大寒岭，东邻庄户村。大寒岭为兵家必争之地，因此该村的军事防御功能显著，附带瓮城的大寒岭关城至今仍屹立在山口之上。

黄淮海地区平原面积广阔，农业生产基础良好，因此平原农耕型村落分布较广，如河南省平顶山市郏县张店村，该村的张姓人口占80%以上，是以张姓家族为基础进行延续的。此外，黄淮海地区的山地农耕型村落大多是以血缘关系为纽带发展延续的，此类村落具有较强的隐蔽性和防御性，如河南省新乡市辉县市拍石头乡张泗

---

[1] 王绚.传统堡寨聚落研究[D].天津：天津大学，2004.
[2] 薛姣.河南省传统村落类型与形态研究[D].郑州：郑州大学，2016.

沟村，是山西省壶关县一个张氏家族移居至此而形成的村落，建于明代初期，依山而建，充分利用了山势，村落沿山谷呈带状分布。

商贸型村落是由于其地理位置易于发展贸易而逐渐兴起的村落。明清时期，河南省境内有多条著名的商贸道路，如万里古茶马商道、卫河河道、豫晋古道等。随着商品贸易的繁荣发展，又相继出现了一些商业城镇与村落，如明朝中期，河南省开封市朱仙镇成为中原地区的大型南北货物集散地。另外还有平顶山市宝丰县杨庄镇马街村、平顶山市郏县冢头镇西寨村、濮阳市清丰县双庙乡单拐村、安阳市林州市任村镇任村等。这类村落在选址上以交通便利和客流量集中为主，因此靠近水路交通线是其选址的基础，村落空间布局多呈带状。

综合来看，黄淮海传统村落的形成受到自然环境、宗族血缘、移民、经济等诸多因素的影响，有同源、异源两种来源和防御型、农耕型、商贸型三种类型，村落居民构成和村落职能相互作用，共同构建了黄淮海传统村落的机理。

二、黄淮海传统村落的特色景观

传统村落的特色景观一般侧重于具有浓厚历史文化的人文景观，主要体现在别具特色的传统民居和公共建筑等方面。

（一）传统民居

民居是传统村落中主要的建筑形式，它能够反映一个村落的地形地貌特点、气候类型、历史文化、村民的生活方式等。[①] 黄淮海地区大部分为冲积平原，地形平坦，还有山地、丘陵，不同地区地理环境不尽相同，传统民居也有所不同，不少古村落在发展中完整地保留了村落格局和建筑形式。

黄宗智先生指出，在居住形式上，华北平原村落的房屋结成群，而四川盆地、长江三角洲的村落则由诸多分散的坝（也称"院坝""院子"）组成。[②] 目前，黄淮海地区保留下来的院落主要以合院式为主，可分为四合院、三合院、二合院，如北京的"四合院"、山东枣庄的"石头部落"、河北省石家庄市井陉县于家乡于家村、北京古北口村等。

北京四合院是合院式民居的典型代表，也是中国传统民居最主要的代表类型。以北京菊儿胡同的四合院为例，菊儿胡同位于北京东城区，20世纪90年代，菊儿胡同在吴良镛大师的主持下启动了危房改造工程，有效更新了老巷中低矮、简陋的院子，最终建成了既留有老北京风韵又符合现代生活方式的四合院楼房。如今，菊儿胡同作为北京一处著名的旅游景点，不仅能让游客领略到古城特色的四合院建筑风格，也可以融入院落体验独特的生活方式。

传统民居院落中的神龛，其位置不同，具有不同的功能和作用。如正房一侧的神龛是人们用来祈福安宅的，庭院外正对街巷路口墙壁上的神龛具有驱邪作用。由此可见，传统村落的形成和布局，以及民居的建筑装饰都会受到当地传统信仰的影响。

[①] 周建明. 中国传统村落：保护与发展[M]. 北京：中国建筑工业出版社，2014.
[②] 黄宗智. 华北的小农经济与社会变迁[M]. 北京：中华书局，1986.

(二)公共建筑

除了民居之外,宗祠、村落围墙、寺庙、石碑、古亭等公共建筑也是村落古建筑文化的典型代表。

1. 祠堂

血缘型村落的整体形态受到宗族法制的观念性影响。如河北省邯郸市涉县宋家村的民居以祠堂为中心分布,呈现出明显的向心性,显示出宗族文化对村落布局的影响。祠堂是村落重要的公共建筑,在长期战乱中,北方很多村落中的祠堂都遭到不同程度的破坏和摧毁,得以保留至今的已经很少。如今,祠堂的祭祀功能已经减弱,大多只能成为收藏古物、人们追思先祖艰苦创业的教育场所,也是引发人们乡愁的重要精神寄托。

山东省济南市章丘区的朱家峪村被誉为"齐鲁第一古村,江北聚落标本",是旅游发展较成功的传统村落之一。该村自明代形成现有格局,至今依然保存着古桥、古井泉、庙宇、楼阁、古道等大小古建筑200多处。其中,村内保存完整的朱氏祠堂,是游人必看的景点。

2. 村落围墙

据日本学者平野义太郎的记载,华北平原的土壤资源肥沃程度差异不大,因此人们出于劳动协作与抵抗匪患的需要,聚居地大都较为密集,形成规模较大的村落,并在村落四周修筑具有防御功能的土墙。① 社会学家杨懋春认为华北平原上规模较大的村庄都筑有围墙，是为了防御盗劫，保护村民。事实上，修筑围墙不仅是为了防卫，还受到当时的政府提倡，据县志载："雍正二年（1724）奉旨，着各村庄周围筑打墙垣，挑浚壕沟，两头设立栅栏，夜则上锁，令各保长掌管，各备防盗器具，挨门轮换，支更巡防。"② 由此可见，防御意识影响着黄淮海地区传统民居的空间布局，如今虽然这些防御措施已不能发挥作用，但许多村落仍然保留着这些防御性的建筑，作为村落的重要组成部分，也是传统村落的突出景观之一。

3. 庙宇建筑

庙宇建筑也是黄淮海传统村落的景观之一。19世纪末20世纪初，美国传教士明恩溥在调查华北农村时发现，基本上各村都有地方神庙和战神庙。③ 杨懋春也曾指出，庙是村落繁盛的象征。④ 土地神是一个区域的保护神，土地庙对人们的生活影响深远，尤其是村里人去世后，亲属要到本村的土地庙去报庙，由此也说明了土地庙与村落空间的对应关系。⑤ 庙宇及其相关的仪式活动，是社区民众的精神生活之一，有助于增强社区凝聚力。⑥ 直至现在，黄淮海地区的乡村依旧有许多庙宇，如河北省邯郸市磁县陶泉乡北王庄村中的关爷庙、山神庙、龙王庙、祠堂等，河北省石家庄市井陉县南峪镇地

---

① 从翰香.近代冀鲁豫乡村[M].北京：中国社会科学出版社，1995.
② 锺文英.井陉县志[M].[出版地不详]：[出版者不详]，1730.
③ 明恩溥.中国乡村生活[M].午晴，唐军，译.北京：时事出版社，1998.
④ 杨懋春.近代中国农村社会之演变[M].台北：巨流图书公司，1970.
⑤ 黄忠怀.从土地到城隍：明清华北村落社区演变中的庙宇与空间[J].清史研究，2011（4）：91-99.
⑥ 杨庆堃.中国社会中的宗教：宗教的现代社会功能及其历史因素之研究[M].范丽珠，译.上海：上海人民出版社，2007.

都村的观音寺、天齐庙、大王庙、河神庙、五道爷庙等，河北省邯郸市武安市冶陶镇冶陶村的药王庙、奶奶庙、黄龙庙、关帝庙、河神庙、土地庙、菩萨庙、吕祖庙、狐爷庙、马王庙等，北京古北口村的三官庙、关帝庙等，它们清楚地表明庙是黄淮海传统村落的重要景观。

世世代代的村民在生产、生活过程中所使用的工具，用来相互往来的公共活动空间，以及在历史发展过程中沉淀下来的历史痕迹等，都是古村落传承与发展过程中的重要组成部分。例如，村落的古井、古街道、村内宽阔的广场等，均可以作为旅游规划中具有重要意义的节点性景观，游客通过亲身体验这些与村民的生活息息相关的要素，感受具有浓厚历史文化气息的传统村落生活方式，成为古村落历史文化价值传承与表达的一种方式。

总体而言，黄淮海传统村落空间分布的基本格局始于明清之际，政策性移民与灾荒性移民的合力作用加速了该地区村落的构建与发展；传统村落的形成机理与宗族发展延续、自然地理环境、商贸经济、防御等因素相关，其中同源村落在村落形成、发展的过程中占重要地位，但随着外姓人口涌入村落，异源化程度不断提高，进一步加速了这些传统村落的分裂与扩散；村落的选址与自然环境契合，呈带状或团状分布，村落规模较大，其布局体现了传统信仰和防御性特征，民居大都采用合院形式，具有鲜明的北方民俗文化特色。迄今为止，黄淮海地区仍有诸多传统村落保留着明清时期的建筑风格，因此对该地区传统村落的研究关乎乡村文化重构与振兴的成败，利于传统村落的保护与科学开发，从而实现传统村落的可持续发展。

中国传统村落文化抢救与研究

文化区系列

第二章

Chinese Traditional Villages

村落

黄淮海传统村落的物质文化景观

第一节
黄淮海传统村落的物质文化景观概况

村落物质文化景观中的"景观"（Landscape），是一个内涵十分丰富的概念，不同的学科对其有不同的定义。地理学家在阐释景观概念的时候，通常把它描述为综合自然地理区，或者一种地表现象，例如林地景观、沙漠景观、湿地景观等。英语 Merriam-Webster（韦氏）大词典将景观（Landscape）定义为"某一地区的地形地貌（the landforms of a region in the aggregate）"和"能在某个特定时间和地点全览的某一地区的景象（a portion of territory that can be viewed at one time from one place）"[1]。虽然不同学科和行业对景观的概念有不同界定，但是景观必然会以物质的形态来呈现，即本节涉及的部分概念——物质景观。物质文化景观是指具有物质形态的人类创造物，对于传统村落来说，是指建筑形式、农田形式、聚落形式等。传统村落的物质文化景观因为受自然环境、地理位置等因素影响较大，呈现出较大的地区差异。同时，村落又是人类聚居的基本形式，也会深受所在地区文化传统的影响。

河流是人类文明的源泉和摇篮。华北平原因受黄河、淮河、海河以及滦河等其他中小河流的经年灌溉和冲刷，形成了山前洪积扇形平原、冲积平原、海积平原等三种地貌形态。以黄河为分界线，

---

[1] 美国梅里亚姆-韦伯斯特公司.韦氏大学英语词典[M].北京：中国大百科全书出版社，2014.

华北平原整体呈现为微向渤海和黄海倾斜的大冲积平原。① 丰沛的水利资源和富饶的土地资源滋养了这一地区的人们，使该地区成为我国农耕文明的肇始之地。在这里，出现了华夏文明最久远的人类聚居历史，并发展了古老、悠久的农业文明。在关于黄淮海地区的历史资料中，有多次水患记载，频发的水患不仅对该地区的村落形态发展产生了深刻影响，也影响了村落之间的社会联系和历史关系。

本节将介绍华北平原内传统村落物质文化景观的时空演变、形态特征及构成要素。

一、黄淮海传统村落中物质文化景观的时空演变

在以耕种土地为主要生产方式的农业社会里，人居环境适宜和农业耕作地理环境优越往往成为人类聚居的首选要素。在多条河流冲积下形成的华北平原，沃野千里、植被丰茂，具有利于发展农业的低山、浅丘和河谷两岸，所以该地区一直是华夏先民安居乐业、开枝散叶的首选之地。临水而居、择水而憩，成为该地区传统村落地理分布上的显著特征。在已公布的中国传统村落名录中，列入名录的黄淮海传统村落大部分坐落于该地区的河流及其支流沿线。

除了受自然地理环境的影响外，黄淮海传统村落的形态特征、演变过程也与当地的经济发展方式和水平紧密相关。与其他区域的传统村落相比，黄淮海地区的村落规模往往较大，有许多千人以上的大村。人口众多往往是传统村落经济发达、财富积累雄厚和生命

---

① 邹逸麟. 黄淮海平原历史地理[M]. 合肥：安徽教育出版社，1997.

力旺盛的表征。所以，即便历经了各种各样的自然灾害和乱世的战火，该地区村落的空间结构形态、风貌特色和人文个性依然能够代代相传，不断发展。

黄淮海地区的生态环境和自然地貌使该地易受水患侵袭，在水患的影响下，沿河村落被迫迁移和分合，逐渐形成了今天该地区的村落分布格局和形态特征。①

二、黄淮海传统村落中物质文化景观的形态特征

在传统村落中，通常会把整个村落看成一个完整的有机生命体——由其中的物质文化景观遵循一定的逻辑原则和发展规律而构成。只有这样，一个具有深刻"景观意向性"的村落或聚落才能为人们所关注，从而成为"传统"村落。

黄淮海传统村落中物质文化景观的第一个重要特征就是具有顽强的生命力。村落环境只有保证其中个体和生命群体的生存，才可能成为健康、有发展潜力的生存环境。黄淮海传统村落中物质文化景观的第二个重要特征是具有"地方特色"，即具有可识别性。所谓可识别性是指某地具有区别于其他地方的物质文化景观形态。当人们置身其中时，能够迅速建立起和某地的"联系"，即"地方场所感"。第三个特征是可达性。黄淮海传统村落与外界联系的程度从某种意义上可以说明其内部经济发展状况，发达的道路和交通网

---

① 孟祥晓.清代卫河流域水灾对乡村居民的影响[J].西南民族大学学报（人文社科版），2016，37（6）：221-226.

络说明了该地长期或某一时期内先进的经济发展水平。第四个特征是与自然环境高度协调。自然环境是指某地的气候条件、植被分布、海拔和水文等情况，它是人类赖以生存的基础。只有与周边自然环境和谐共处，才能保证聚落良性并可持续地发展。黄淮海传统村落在初期选址和随后的营建过程中，大多能在适应自然环境的基础上趋利避害、扬长避短，突出独特性，采用最佳的建造方式来顺应环境并加以适度改造，从而达到人与自然双赢。

三、黄淮海传统村落中物质文化景观的构成要素

现代景观的概念基本可以从景观的实体要素、虚体要素和情感要素三个方面进行讨论。传统村落的物质文化景观实际上是和现代景观概念中的实体要素相对应的，主要体现在村落景观形态的呈现方式上，即乡村建筑形态、农林生产景观、交通路网、地形地貌、湖泊池沼等。村落景观中的物质要素不仅指静态的形象，还是动态平衡的结果。黄淮海传统村落的物质文化景观的构成要素具体表现为五个方面：

一是路径，即景观道路。黄淮海地区平原面积较大，传统村落与河流或者湖水关系紧密，村内街道基本上是一种线性的景观，同时又呈现了多变的形态，曲直不定。在传统村落中，街巷交错，它们连接着各个居住空间和其他的功能空间，而且景观节点与周边村落道路相连，形成聚居的片状网络形态。尤其是在黄河及其支流途经的山地上，一些古村落中的道路随着地形的起伏变化和民居建筑的错落排布而自然透迤地贯穿其中。

二是景观边界，指景观中两个空间或两个区域的线性面，具体来说是指两种形态的景观相连的区域。因为历史上时有战乱发生，所以黄淮海地区的一些村落用堡和墙等进行围合。但是大多数传统村落因为时有人口的迁进和流出，所以没有实体形态的围合构筑物，然而，作为一个聚居地，从整体形态上也能看到一些自然的边界，例如林地、河流、山体和农田等。

三是景观区域，指具有统一的形态特征并与其周围的区域有所区别。在黄淮海传统村落中，建造者往往出于自家安全考虑而修建土墙，一座座院落就像一个个独立的城堡，外墙高厚，防御性很强。在院落的内部，一栋栋建筑则依照不同的礼制进行营建和空间序列的组织。无论是正房还是厢房的屋顶，都会设法让雨水向内院聚集，既有安全防御的考虑，又有"肥水不流外人田"之隐喻。

四是景观（建筑）组合，指不同的村落形态要素在空间上的组合方式。在黄淮海传统村落中，除了民居外，还有其他建筑空间，共同构成古村落的完整功能体。黄淮海地区的大部分传统村落都会有一个面积较大的空场，作为农作物收获后晾晒的场所，还有祭祀土地神、龙王等与农业耕种关系密切的神灵的庙宇，有些山区的传统村落建了山神庙，有些大家族还建有一定规模的祠堂，这些景观都体现了黄淮海地区以传统农业为主要生产方式的特点。

五是景观的节点或中心点，形式通常是具有意象性的一个或一组，多指人的视觉或者行动路线在空间交会的地方。黄淮海地区四季气候差异较大，传统农业生产活动受自然影响较大，人们无法科学认识和解释自然灾害，只能向神明祈求帮助，于是村内多有土地庙、关帝庙、龙王庙等，这也客观反映了当地百姓在特定时空中的实际需要和精神寄托。

第二节
黄淮海传统村落的建筑景观

黄淮海传统村落是农业文明时代人与环境和谐共生、"天人合一"的产物，村落内的建筑体现了先人适应环境并加以适度改造的人居智慧，以及该地人们的生活习俗和文化。本节将从村落选址与空间布局、村落形态与建筑形式、院落结构与建筑材料、采暖系统等方面来分别阐述黄淮海传统村落的建筑景观特色。

一、村落选址与空间布局

黄淮海传统村落在建立初期，很多村落的布局都与河流或者湖水有很大的关联性。这种对水源的依赖很大程度上是由于黄淮海地区为农业大区，对农业发展来说，水源是一个非常重要的因素。

随着生产力的提高，人类对于一些不利的自然因素能够进行一定的干预和控制，但"邻水""近水"依然是该地区人们择居的首选要素。这是因为在我国传统文化中，"水"是吉祥和好运的象征物，人们乐于择水而居，而且游牧部落转为定居的农耕民族，其选址的根本准则就是要有利于生产和生活的需求，所以临水的不适合耕种的坡地常常成为建设古村落的理想之地，还可以为村落提供天然的防御保障，是有效串联传统村落各建筑（"点"）的纽带和合理划分村落各空间的尺度。

在传统文化中，有水的地方才有可能被称为风水宝地，聚落常常修建在背山面水的地方，入选我国首批传统村落名录的北京门头沟区斋堂镇黄岭西村就是一个典型村落。该村在山沟两条溪谷的交汇处，村子的布局、建筑、道路均沿着"人"字形的溪谷，村内道路就像纵横交错的网状水系，呈现多变的形态。虽然目前溪谷已经干涸，但目前的村庄面貌依然明显可以看出临水而建的特征。北京郊区的其他一些村落，例如向阳口村、焦庄户村、苇子水村、水峪村等，也都具有类似特征。北京郊区有些传统村落时至今日依然保持着古老的水系，比如沿河城村。该村位于永定河南岸，处于永定河和其他支流的交汇之处，临水择居的空间布局迄今仍然清晰完整。沿河城村一方面以永定河为轴线向东西方延伸，另一方面沿其支流朝南北延展。位于北京顺义区龙湾屯镇的焦庄户村也是一个较好的例证。该村位于燕山的山前台地，西有金鸡河蜿蜒流过，南邻通达的过境道路，整个村子布局完全依赖河流和道路，传统三合院或者四合院分布于密集排列的路网中，形成大小不一的宅院团组，整个村庄呈方方正正、街巷交织的网状集约形态。村内的建筑依水道和山势而建，形式多变且空间丰富，街巷基本都有一定程度的弯曲和转折。

除了具有临水而居、择水而憩的特征外，黄淮海传统村落还与山地的地形地貌相得益彰，形成了人工与自然完美结合的村落景观。例如北京门头沟区的向阳口村，位于永定河北岸的山坡台地之上，村落边界和水系边界重合，村落布局曲折多变，三面环山，一面环水，背靠大将军山，南临永定河，排洪溪谷横穿整个村子，并与永定河划分了村落三个聚落的边界和基本形态。该村山环水绕、水面宽阔、村水相映，水中是青山、蓝天、白云、村落的倒影，自然风

第二章 | 黄淮海传统村落的物质文化景观

图 2-1 北京顺义区龙湾屯镇焦庄户村的环境

景极为优美。临水而居还形成了地域特色鲜明的民俗文化，北京郊区临水的传统村落都修建了龙王庙或者河神庙，如三家店村的龙王庙，供奉着四尊龙王和一尊永定河神，祈盼风调雨顺，还有与龙王或者河神相关的求雨、祈祷等民俗活动。[①]

[①] 朱余博.京郊传统村落水环境空间探析[D].北京：北京建筑工程学院，2012.

希腊学者道萨迪亚斯（Constantinos Apostolos Doxiadis，1913—1975）在其人类聚居学理论中，将人类对聚居地的根本需求归纳为两个方面：一是要选择安全系数高，能够防范入侵的处所作为聚居地；二是在自足平安的情况下，人类对聚居地的选择也会根据自身的意愿进行多样性的选择。[①] 安全是村落选址和功能布局的一个重要因素，在一些特殊的地区和历史时段，安全尤其重要，它决定性地影响了村落的功能和布局。黄淮海传统村落多以"堡"或"城"来命名，这是因为该地经济发达、地理位置优越，所以古时多有战事在此发生，大量村落会外筑高墙形成堡寨，以保护村落的安宁。在这些堡寨式的聚落中，外围的环绕墙体依据不同的地理形势，呈现出各式各样的风貌。以堡寨形式发展起来的村落聚居点能够同时满足生活、生产、避难、守卫和战斗等诸多功能。在形式上，这些村落易守难攻，而且村内具备一定的物资储存空间和满足战时需求的防卫空间，以便在日常生活中就能有效地进行安全防卫。

黄淮海传统村落的功能布局还深受中国传统文化的影响，例如自然意识、伦理观念、地缘关系等。传统村落在空间布局方面注重"天人合一"，即在适应自然环境的基础上进行适度的改造。同时，还讲究通过物质环境景观的营建来表达居住者所推崇、遵从的社会关系和社会法则，常常把伦理关系、等级制度和长幼尊卑等思想观念通过建筑形制和空间组合加以物化表达。黄淮海传统村落深受儒家文化和传统礼教的影响，村落的形态、建筑规制以及院落布局都有明确而严格的等级、尊卑、伦理等规则。在黄淮海传统村落中，祠堂、宗庙等作为宗族权威载体的建筑往往位于整个村落的中

[①] DOXIADIS C A. Action for human settlements[M].Athens: Athens Publishing Center, 1975.

心位置，体现出"居中为大"的族居原则。在这些祠堂和宗庙的四周，建有以姓氏为单元的多重院落，形成对"核心建筑"层层包围的建筑排布。这些祠堂和宗庙成为村落布局的地理中心和宗族血缘的精神圣地，同时作为公共设施，这些建筑也成为村民日常交流和联系的纽带。这样的村落布局呈现出从形式到内涵的包围性、内聚性和排他性。以四合院为例，院落建筑的规模、高度，甚至使用颜色都讲究等级和尊卑，主要建筑多坐北朝南，例如堂屋就要位于北方，长辈居住在两侧耳房，晚辈则居住在厢房。

值得一提的是，风水思想对黄淮海传统村落的选址和建造具有重要影响。该地的传统村落基本都按照风水选址和布局，遵循"左青龙、右白虎、前朱雀、后玄武"的理念，强调阴阳五行的互补和平衡，负阴抱阳、背山面水，大门的位置、朝向遵循阴阳五行，院落及其他建筑与环境协调，形成对称、围合、和谐的空间。

例如，北京门头沟区斋堂镇的灵水村就是依照传统风水理论建造而成的，四面蜿蜒的群山将灵水村围合环抱，形成负阴抱阳、藏风聚气的态势。该村背倚莲花山，前罩罄鬖山，择山泉而建，水绕村郭，体现了古人以"风水理论"为指导的择地原则。此外，该村的布局还形似一只巨龟：村南建造了白衣观音菩萨庙，此为巨龟的头部，在此处能俯瞰整个村子的龟形全貌；村北修北庙，为龟尾；村东的马王庙、文昌阁与村西的龙王庙、灵泉寺构成了巨龟的四条腿；东西走向的街道和南北走向的胡同以及其间大小不一的四合院构成了巨龟的龟纹。

此外，在黄淮海传统村落中，大多数古村落里都会有一个很大的碾场空间，基本上是建筑物后退凹进去的空间，以使道路通畅，这个空间的主要作用是晾晒农作物。同时，因为清洗碾子和碾磨农作物要用水，所以很多碾场空间是临水而建，比如前文提到的向阳口村的碾场就设在永定河边。

二、村落形态与建筑形式

华北平原的地势相对平坦，河流众多，较易形成人类聚居地。该地的传统村落规模比较大，多呈集中组团或条带状分布。该地的农村住所多采用封闭围合的院落形式，院落有明显的南北轴线，建筑多坐北朝南，依照轴线进行对称布置。在农耕文明中，这种中正、庄严的布局表达了人们对严谨和正统文化的推崇。

例如河北省张家口市蔚县暖泉镇西古堡村，过去城堡外有一条人工开挖的宽约30米的沟渠，几乎环绕整个城堡一周。南、北两门外各有一座瓮城，朝东开门。瓮城内长宽均约50米，四周由黄土夯筑的堡墙围拢。堡墙外南北有凸出的黄土夯筑的马面防御结构，瓮城城墙与四周堡墙高约10米。南北堡门、砖砌城墙高约5米。西古堡村的外形（整个村庄加南北瓮城）呈"中"字形，当地人称为"虎抱头"。堡内南北向长221米，东西向宽232米。村内有贯穿南北、东西均宽5.3米的大道各一条，交叉构成"十"字形，还有沿东、西、南三面堡墙墙根一圈宽5—8米的道路。西南部有一条直通西堡墙的巷道，东南部有一条通往东堡墙的曲折巷道，内有一口古水井。堡内主要巷道和古井呈"国"字形。另有连接上百家住户的数十条宽窄不等、长短不一的巷子，形成了层次丰富的街巷空间格局。街巷两侧有许多明清时期的古民居，以四合院形式为主，建筑结构复杂、严谨，空间序列疏密有度。

第二章 | 黄淮海传统村落的物质文化景观

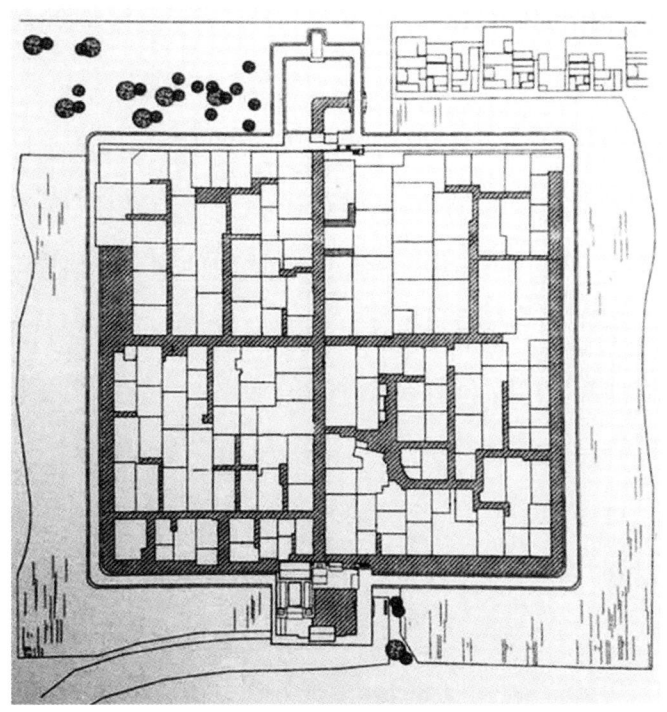

图 2-2
西古堡村平面图

梁思成先生说："建筑之始，产生于实际需要，受制于自然物理，非着意创制形式，更无所谓派别。其结构之系统，及形式之派别，乃其材料环境所形成。"[1] 在华北平原与太行山东麓交界的平原地带，建房所用的石材和木材极为匮乏，出于经济上的考虑，只能就地取材。在这一区域中，黏度高的土质适合挖凿岩洞，因而形成了带状或者零散分布的窑洞型传统聚落，这跟当地的气候条件、地形地貌、土壤特征、建筑材质、移民文化、传统文化等因素密切相关。据不完全统计，邯郸市有28个、邢台市有7个窑洞型传统聚落。

---

[1] 梁思成. 中国建筑史 [M]. 天津：百花文艺出版社，2005.

邯郸市永年区的王边村位于太行山和扇形冲积平原的过渡地带，石灰性冲积黄土具有良好的胶结度和稳定性，为建造窑洞型村落提供了材料基础。王边村的先人在明代从山西迁移至河北定居后，由于没有资金，便在黄土绝壁上挖凿出了跟家乡黄土高原风貌相似的窑洞，不占用土地，并在上面垦荒种地，后来逐渐在窑洞前修建房屋，迄今仍保留着较完整的窑洞、老建筑和整体空间格局，依稀可以看到独特的窑洞型传统村落的风貌，这在华北平原是极为罕见的。该村的窑洞基本为靠近山崖的土窑，顺势而建，与周边环境天然契合，但目前保存完好的窑洞较少，现存 22 处窑洞，其中仅 3 处保存得比较好。清末，该村逐渐以灰砖、木结构建筑取代窑洞成为当地人主要的居住空间，建筑兼具华北建筑和山西建筑的特点。[①]

在黄淮海传统村落中，多采用"面南而居"的建筑布局，这不仅是受传统文化影响的体现，也是居住者朴素的人居观念的体现。面南而居实际上与该地的风向密切相关。我国境内大部分地区的主要风向为：夏季是湿暖的东南风，冬季则是干冷的西北风。我国理想的人居观念所倡导的负阴抱阳、坐北朝南，正是希望利用东、西、北三面的环山来抵挡冬季寒冷的西北风。朝南侧的"抱阳"是指南向略显开阔，既可以迎纳夏季暖湿的风，又可以获得充足的日照。由此可见，面南而居是中国古人选择的理想的人居环境。

---

① 薛晓娜. 冀南地区沟谷窑洞型传统村落保护与更新规划研究：以王边村为例[D]. 邯郸：河北工程大学，2017.

三、院落结构与建筑材料

（一）村落营建

黄淮海传统村落的居民在选址之初就认定该地为适合聚居的理想之地，所以在后期营建改造时就会有节制、适度地进行。这种与自然和谐共生的村落选址和营建理念，在今人看来体现了人与环境友好和谐的思想。民居建筑与人类的生活、生产活动紧密相关，集中体现了当地居民对生存环境、生产环境、社会环境的认知和改造过程。我国传统民居根植于流传千年的农耕文化，是农业文明留存下来的宝贵遗产，不仅具有丰富的文化内涵和地域特色，还极具乡土社会的人情味。黄淮海地区的民居朴素实用、形式多样，在营建过程中，适应自然、构思精妙，与环境融为一体，不仅具有丰富、独特的地域特色，还具有深厚的人文特征与艺术价值，是我国古代建筑遗产的宝贵财富，也是世界建筑史的重要组成部分。

传统民居是一种内涵极为丰富的建筑形态，地域特征明显的民居更是能传递出价值取向、传统习俗和社会风貌等精神文化内容。传统民居通过内部庭院与建筑的关系来表达在其中生活的人与人的关系，通过空间秩序来强化人应当遵守的伦理规范。在黄淮海地区北部，尤其是北京及其周边地区，广泛存在的四合院就是按照中国宗法家族观念建造的等级秩序森严的院落。一座标准的四合院，轴线比较明确，宗族权威的代表性建筑堂屋居于核心位置，其他建筑都朝内院对称建造。整个四合院体现了居者对中正、严明的哲理思想的推崇。

四合院的形成、发展与北京这个五朝帝都的特殊政治历史地位密切相关。长期居住在这块土地上的各朝贵族和文人士大夫们对居住环境的要求越来越高，于是能够结合北京的地理条件、传统习俗的四合院不断发展和完善，逐渐演变出比较成熟、稳定的四合院建筑文化。

从北京的地理位置和气候条件来说，四合院以坐北朝南的北房居住条件最好，坐西朝东的西房次之，东房和南房在朝向上较差。所以俗语中会有"有钱不住东南房，冬不暖来夏不凉"，说的就是东房和南房不是理想的居住房间。正房坐北朝南，方位最好。这是因为北京的冬季寒冷，风沙较大，风向为西北风，"坐北"可以避开夹带风沙的寒冷气流，"朝南"有利于更好地获取阳光，这对高纬度和寒冷地区的北京尤为重要。北京的夏季以湿热的东南季风为主，"坐北"可以利用西侧的山墙来减少太阳带来的过多的西晒热量，避免室内温度过高；"朝南"开启的门窗有利于在夏季迎风纳凉。

作为一个独立的居住单元，北京四合院对外是封闭的，内部则开敞贯通，形成相对独立的生态环境和民居环境。在平面和立面的布局中，四合院注重突出正房的核心位置，厢房要避让正房。这主要体现在两个方面：一是在平面布局上，正房要开阔，厢房不能遮挡正房；二是在立面高度关系上，两侧的厢房也不能比正房高。这样就保证了正房能够在冬季获得更多的日照，室内会更加温暖。

从四合院所表达的宗法秩序来看，正房作为住房，坐北朝南，是整个宅院的中心，属于吉位。正房的体量往往最大，由家中的长者居住。厢房往往位于院落的东、西两侧，进深和开间都必须小于正房，其居住者在家庭中多处于次一级的地位。如果院落较宽，此时厢房的前檐不能在正房山墙轴线的内侧，以确保正房的前脸能够完全呈现，也更加突出了正房的显要位置。

在建筑设计中，凡是在平面中得到强调和突出的建筑，往往也会在立面中重点表达。正房在立面关系中的核心地位往往通过以下几点来加强：一是提高台明高度来突出正房。我国传统建筑都是在台基之上建造，台基露出地面的部分称为"台明"。在四合院的规制中，正房的台明最高，往往比厢房的台明高出一步台阶（一步台阶高度为4寸，约合13厘米）。二是增加柱高来突出正房。一般情况下，因为正房的面宽大于厢房的面宽，权衡比例折算后，正房的柱高往往大于厢房。有时为了突出正房，还会额外增加正房的高度，以达到和谐稳定的高度比例。三是利用进深尺寸来影响屋顶的高度。北京四合院的民居建筑普遍采用坡屋顶的形式。坡屋顶的坡度由房屋的高度和进深尺寸来决定，在坡度相同的情况下，房屋的进深越大，屋顶的高度越高。在四合院中，正房的进深最大，所以正房屋顶的高度也就会最高。

（二）建筑材质

黄淮海传统村落的自然条件差异较大，受多元文化影响也较大，因此民居建筑材料多样，可以分为砖木混合、土和石三种类型。

1. 砖木混合

砖瓦是我国传统建筑中运用最广泛的建筑材料之一，具有坚固耐用、保温隔热、防雨雪、耐腐蚀等优良的性能。我国制造砖瓦的技术是从传统的制陶工艺发展而来的，已经有2000多年的历史。因为是用泥土烧制而成，所以在华北平原各处都可以方便地获得原料，而且成本低廉。在北京及其周边的四合院建筑中，建筑材料往往遵循就地取材的原则。除了砖瓦等当地盛产的建筑材料，还会大量用到附近山林中的木材。随着建筑建成时间的增加，有些砖木材料的性能会逐渐减弱，还有些材料在拆除建筑后可以再次利用，另外一些材料则会"回归自然"，这非常符合生态学的观点。

2. 土

在冀南地区，林木和砖石材料较少，所以人们利用当地深厚且难渗水的黄土层逐渐建成了窑洞式住宅。这些窑洞多位于山脚下、半山腰、冲沟两侧或黄土塬上，既不占用耕地，又节约农田，是当地居民顺应自然、因地制宜、就地取材、适应环境、融合生态的体现。

冀南地区的土层深厚、黏度较强、抗碱强度高，具有很好的稳定性和可塑性，因而在开挖窑洞时，竖直的墙面不易坍塌。深厚的土壤还具有良好的蓄热、隔热性能，所以窑洞冬暖夏凉。窑洞上方是厚厚的土层，可以种植植物以保持水土。

一般来说，窑洞顶部多采用弧形拱顶，入屋灶台连着暖炕，门窗在窑洞的前部，整体呈半圆拱形。半圆底部的一侧与窗户相连，另一侧与长方形的门洞相接。窑洞前部大面积的门窗既可以防止风沙吹入室内，又可以使大面积的阳光照入室内。拱形门窗的做工都非常考究，装饰也极富情趣。窗棂多采用镂空花格，图案精巧，疏密有致，使太阳光柔和、闪烁，形成光影互动的和谐之美。此外，窗户上往往还会装饰精巧别致、富有生活气息的窗花，不仅使整个窑洞充满了人与自然共处的和谐之美、地域之美，还体现了当地匠人的工艺之美和居民的生活之美。

3. 石

于家村位于河北省石家庄市井陉县的中西部，是明代政治家于谦直系后裔的发祥地，全村95%以上的居民是于氏家族成员。该村位于一个四面环山的小盆地中，村里人给四面的高山分别命名为东岭、西垴、南坡和北寨。村靠山，蜿蜒起伏的群山俨然是村落的天然屏障，很容易让人在绵延的大山中迷失方向，俗语有"不到村口不见村"的说法，所以尽管道路就在脚下，但是车子在路上转悠几圈，看到"于家村"三个大字，才能找到村子的入口。绵延不绝的大山提供了大量山石，古代工匠、村民就是用开采来的山石和捡来的河石建筑了于家村内一座座各有特色的四合院。村内建筑有的是石墙瓦房，有的是石券窑洞，还有的是瓦房、窑洞混建。这些四合院大多坐北朝南，虽然院落的大小和形状各不相同，但多用石板铺砌，表现出院落主人洁净素雅的生活情趣。院内的陈设大多采用石材建造：石凳、石桌、石槽、石磨，甚至蓄水的井和储物的窖也是用石头砌建的。走在于家村的大道与小路上，满目都是用石头搭

图 2-3
于家村的路

建的各种建筑，让人不禁联想到于谦的名句："粉身碎骨浑不怕，要留清白在人间。"

于家村内院落的规划十分清晰，东西为街，南北为巷，不通则为胡同。全村共有六街七巷十八胡同，总长3700多米，街巷全部采用青石铺地，村内石材房屋总计达4000多间。独具特色的石屋大体可以分为两类：一类是明清时期建的石瓦房，青石墙、灰瓦顶，古朴自然，雅俗兼备；另一类是石券窑洞，窑洞的洞墙用人工修整过的石头垒砌，宽达1米，洞顶

图 2-4　于家村的房子

厚度也有 1 米多——宽墙厚顶，保证窑洞内部冬暖夏凉。

于家村最有名的四合院是"四合楼院"。该院落始建于明末，占地两亩（1 亩约合 666.7 平方米），有房屋百余间，建筑总面积近千平方米。整个四合院分东、西两院，均依地形而北高南低，三面是楼，皆为上砖下石。于家村内共有四合院 300 多座，院落各有神韵，无一雷同。这些院落虽然大小有别，但是屋檐下都设有形状各异的排水管，而且管道都朝向院内，原来该地区常年干旱，也无地下水可用，因此各家要用这些管道接、储蓄屋顶的雨水。这种建筑构造是古人运用智慧来应对恶劣生存环境的生动表现。

四、采暖系统

人们在生产、生活的过程中，需要保持一定的室内温度来实现"热舒适"。而室内温度的高低直接与建筑物的热量得失相关。在寒冷的冬季，当建筑失去的热量大于所得热量时，就需要在室内增设供暖设备和系统来补充室内热量，以使室内达到较舒适的温度。在冬季，黄淮海地区的室外温度较低，因此传统的民居往往需要通过室内的供暖系统来提高室内温度。火炕、火墙、火炉和火盆是黄淮海地区居民冬季室内取暖的主要方式。

火炕是北方农村居民常用的采暖设施。传统的火炕大多采用泥坯与砖块砌筑，炕头与灶台相连，炕底为烟道。灶台为燃料空间，炕为储热空间，煮饭烧菜的余热就会加热炕体。富足人家还会在炕的一侧直接生火炉取暖，燃料燃烧的火在加热炕体之后，烟会顺着炕洞从屋顶的烟囱排出。做饭时，厨房空气在热压作用下进入炉灶，同时也会带走室内的污染物和泄漏的烟气。热烟经过炕洞时会加热炕体，最后废气经烟囱排出室外。不做饭时，用烟插板将烟道出口封死，或将灶台的燃料入口封死，就会阻止烟气流动，减少炕体内部的热量散失。此时，炕体内的热量会以对流和辐射的方式传到室内，使室内温度升高。

火炕是一项极好的采暖设施，不仅能重复利用当地的资源，还对人的生活和健康有诸多益处。白天人们以火炕为活动中心，晚上在火炕上休息，人坐、卧在火炕上，可以充分得到温暖，休息睡眠极为舒适，也可以减轻疲劳。

火墙与火炕类似，也是北方传统民居冬季采暖的主要方式。人们在建筑房屋的时候，会在部分墙体上砌成空心短墙，这样在冬季就可以利用炉灶内的烟气在空心短墙流动来加热这部分墙体，受热的墙体再通过对流和辐射来提高室内温度。烟道设计得越长、越蜿蜒，热烟气在墙体内停留的时间越长，火墙的蓄热能力就越大，墙体的加热也会越均匀。火墙的建筑位置、大小、曲折变化等可以根据需要灵活设计，在烧火完毕后，关上闷火板，还可以让火墙的保温时间更长。火墙在我国有着悠久的历史，陕西西安阎家村汉代建筑遗址的炉灶，其排烟通道先曲后直，通于户外，结构与现代的火墙已经非常相似。

火炉是北方地区冬季取暖的一种临时设施。它的体积较小，热度不如火墙高，因此大多作为火炕和火墙之外一种提高室温的补充方式。但是火炉在使用上比较灵活，生火和熄火都更加方便。

火盆是北方传统民居采暖的另一种特有小设备。它是将火炭放入火盆中，再将火盆放在屋内炕上或者火盆架上。火盆所散发的热量有限，热辐射的范围也较小。火盆的形式更是灵活多样，可做成圆形、方形或八角形，其种类又分为铁火盆、泥火盆、瓷火盆、铜火盆等，民居中以使用泥火盆最为普遍。

人类在发展的过程中累积了丰富的居住经验、理念和文化精神，不同地域内的民居形式历经千年演变，在平面布局、结构营建和材料工艺等方面日臻完善，形成了地域特征明显的人居环境。华北平原的先民充分利用自然条件，选择有利的地理环境，因地制宜，就地取材，创造了或精美，或古朴，或典雅的传统村落物质文化景观。这些景观是先人馈赠的宝贵遗产，值得后人去认真学习、仔细思考和深情守护。

文化区系列

中国传统村落文化抢救与研究

第三章

Chinese Traditional Villages 村落

黄淮海传统村落的非物质文化景观

第一节
黄淮海传统村落的非物质文化景观概况

黄淮海地区范围广阔、物产丰富，这片土地孕育了辉煌的传统文化，拥有诸多极为宝贵和丰富的非物质文化遗产，不断创造着新的历史篇章。其中黄淮海传统村落具有极高的历史、文化、科学、艺术、社会、经济价值，堪称"中华民族千百年繁衍生息留下的宝贵遗产"。

一、与黄河息息相关

从古至今，"黄河龙摆尾"多次出现，黄河在华北平原上频繁改道，汛期河水泛滥，夹带着大量泥沙，形成的冲积原野土壤松软肥沃，滋养了两岸的农业。华北平原属暖温带季风气候，四季变化明显，雨季降水充沛且符合农作物的生长规律。肥沃的土壤、充足的降水等造就了黄河流域灿烂的农耕文明，发展较早而发达的农业又给黄河文明的发展提供了温床。

然而，黄河泛滥也给黄河沿岸的人们带来了巨大的灾难和无限的痛苦。据相关文献记载，2000多年来，黄河下游决口泛滥1500多次，华北平原的每一寸土地几乎都受到过黄河泥沙和洪水的侵袭。但也正是这种严峻的挑战，使先民不断对黄河进行大规模治理和利用，不断兴修黄河水利工程以抵御自然灾害，在与自然的斗争中，黄河流域的人民创造了灿烂的文明。黄河流域频繁的自然灾害促使人定胜天、百折不挠的精神成为黄河文明的重要组成部分，为黄河文明的传承奠定了文化基础。①

因此，黄河一方面带来了肥沃的土壤，促进了农业的发展，点燃了黄河文明诞生的火种，另一方面因其带来的自然灾害，促使黄河文明不断蜕变和壮大。②

二、农耕文明积累深厚

频繁的黄河泛滥，夹杂着滚滚黄泥沙，沉积于黄河下游的两岸，形成了广袤的冲积平原，中国的先民们正是在这片神奇的黄土地上，创造了灿烂的旱作农耕文化。神农氏发明耒耜以及其后代种植百谷的传说，都证明了农耕时代在上古时期的黄河流域就已经开始。考古研究者发现在新石器时代，黄河流域的各部落已逐渐使用石铲、石镰、蚌镰等专业的农耕工具；到了春秋战国之交进入铁器时代，牛耕技术与铁器使用逐渐在黄河流域普及，农耕技术得到了飞跃性发展。在历史长河中，黄河流域的农耕作物也不是一成不变的，由早期以种植粟类作物为主，逐渐转变为以种植谷子、高粱为主，这也从侧面说明了黄河流域的人民能很好地顺应地理环境的变化，充分利用土地耕作。从古代春秋时期至今日，华北平原一直是我国主要的农业区和粮食生产的重要基地之一。

---

① 李裕瑞，刘彦随，龙花楼.黄淮海地区乡村发展格局与类型[J].地理研究，2011，30（9）：1637-1647.
② 曹锦清.黄河边的中国[M].上海：上海文艺出版社，2013.

可以说黄河文明在 20 世纪以前主要是农耕文明。先民们不断革新农业生产工具、创新生产技术、兴修水利以发展农业，才创造了璀璨的农耕文明，也才培育了悠久的黄河文明。

三、深受区位的影响

黄淮海地区在历史上的地位很重要，曲阜、临淄、邯郸、洛阳、开封、北京等都曾是中原文化的中心。在古代，作为京畿要地，必须是农耕文明的经济中心，要有与之相配的农业发展水平。从春秋战国时期开始，铁制工具广泛的使用，各种防洪、排涝水利设施的修建，使黄淮海地区大面积的平原优势得以发挥，大大推动了农业的开发进程。[①] 到了秦汉时期，华北平原的大部分地区得到开发，天然植被已经被人工作物代替，可以说本土农业生产技术经过长期积淀，并因区位独特而不断被各政府扶持，发展得相当成熟。东汉以后，匈奴、鲜卑、羯、契丹、女真、蒙古、满族都曾为华北平原的统治民族，他们各自将本民族的优秀农业生产技术和生产工具带到黄淮海地区，经过改造后与当地的地理环境相适应。文化融合也让农业生产技术得以不断创新发展，展现出了持久的生命力。[②]

华北平原作为中原文化的中心，为农业发展提供资源，也要求农业生产方式和工具不断革新以适应发展需求。同时不断吸收少数

[①] 邹逸麟.黄淮海平原历史地理[M].合肥：安徽教育出版社，1997.
[②] 林忠辉，莫兴国.历史时期黄淮海平原农作制度变迁与农业生产环境演变[J].中国生态农业学报，2011，19（5）：1072-1079.

民族的优秀生产技术，融合各地区包括生产资料在内的文明精华，不断向更高层次发展。①

第二节
黄淮海传统村落的民间信仰

中国是目前世界上仍然存在的文明古国，拥有几千年历史的中华民族的发祥地就是黄河中下游地区（包括黄淮海地区）。从旧石器时代初期开始，掌握石制工具制作方法的祖先就已经在黄淮海地区繁衍生息。在这片神奇的土地上，传颂着炎黄传说、涿鹿之战、大禹治水等诸多故事。得黄淮海地区——中国古代政治、文化、经济的心脏地带，易得天下。不可否认的是，农耕文明时期的黄淮海地区，虽然广大劳动人民被剥削而辛苦劳作，但也在封建礼教的影响下孕育了灿烂辉煌的文化，其中就包含鬼神信仰文化。用辩证的眼光看待黄淮海传统村落的民间信仰，才能了解历史背景下的民众思想。该地传统民间信仰所具有的特色，也是中国传统文化的一种体现和组成部分。

---

① 张金萍，秦耀辰，张丽君，等.黄河下游沿岸县域经济发展的空间分异[J].经济地理，2012，32（3）：16-21.

一、黄淮海传统村落的信仰体系

在封建社会时期，出于封建统治的政治需求，神灵被政客推崇和强化。神灵的存在和参与世俗事物在当时具有一定的合理性，所以以神灵创教传道得到统治阶层的默许与鼓励，凡国家大事皆有神灵祭祀，并将神灵指示与国家兴亡紧密相连。在商代，关乎国家社稷之事，无论是战事还是农作，都要由王代表天下诸民向神灵请示。从殷墟中挖出的甲骨文文献，其中数量最多的便是向神灵请示的卜卦。在封建时代，庶人没有资格接受礼遇，对天地等自然神灵的祭祀被统治者完全垄断。愚民的封建统治也要求一般平民对神灵存敬畏之心。民众受到封建压迫恐惧神灵而不敢反抗，符合封建极端思想统治的需要。黄淮海地区作为传统文化的发源地之一，传统信仰根深蒂固，具体来说，其民间信仰主要涵盖自然神、人物神、宗教神等方面。[1]

（一）自然神崇拜

在原始社会时期，由于人们对日月山川、江河湖海、风雷闪电等自然现象的未知及恐惧，认为万物皆有神灵，心存敬畏之心，以保护自身，不受伤害。进入农耕文明之后，人们祭祀自然以祈求风调雨顺，农业生产可以丰收顺利，对自然神的崇拜更胜从前，归根结底还是因为人们民智未开，对自然缺乏正确的认识，无法理解很

---

[1] 徐小跃. 中国传统宗教的信仰模式及其对中国民间宗教的影响[J]. 江西社会科学，2006（2）：22-28.

多自然现象而将其归结为神灵的神秘作用，结果孕育出中国最早的信仰文化——自然崇拜。[①]

祭祀苍天就是报答苍天保证农业生产顺利的功劳，祭祀大地就是感谢土地养育农作物之恩，这种人类与神灵之间互惠互利关系的建立，反映了古人古朴的神人观和朴素的自然观。古人对自然馈赠的回报建立在当时自然科学不发达，对自然现象、规律无法解释和掌握的基础上。在自然崇拜的发展历程中，随着鬼魂崇拜的出现和发展，一部分自然崇拜对象被赋予了具体的特征，例如动物或人的形象、性格等，但祭祀在本质上仍然属于自然崇拜。黄淮海地区影响力较大的自然神主要有龙王、真武、山神、文昌、城隍等。

过去，黄淮海地区的旱涝尤为严重，所以人们特别崇拜水神、龙神，祈求黄河汛期稳定、风调雨顺，顺利进行农业生产。

除了水神与龙神外，黄淮海地区由于山地较多，如泰山、太行山等，对山神的崇拜也较为普遍，出门上路时希望山神保佑，控制猛虎等野兽的出没，确保出入平安。

（二）人物神崇拜

鬼魂崇拜可以说是黄淮海地区甚至整个中国人物神崇拜的重要组成部分，它起源于万物皆有灵的自然神崇拜，人们对想象、做梦等奇妙的意识现象无法理解，这些超然物外的意识使人们相信灵魂居于肉体之中，肉体只是承载灵魂的暂时器皿，可以转世托生，亦可魂归西天，灵魂拥有各种超自然的能力。人们祈求鬼魂正直善良，

---

① 李斯.自然神论的神学根源[J].华南农业大学学报（社会科学版），2006，5（2）：69-73.

不害人性命，得庇佑、福报。在黄淮海地区，以鬼魂崇拜为重要内容的人物神崇拜主要有以下几种类型：

1. 忠孝气节型。其特征符合儒家的伦理道德标准，多以各种君子礼遇、高尚气节为人所尊敬、称赞，如民间广为传颂的关羽、诸葛亮、孟姜女等。

2. 社会职能型。其特征多为行业的开创者或对社会有突出贡献者。黄淮海地区主要的社会职能型人物神有"药王"孙思邈、"医圣"张仲景等。

3. 神话传说型。中国神话传说给后世留下了众多神话人物，黄淮海地区也代代相传，如后羿、神农氏、炎黄二帝、蚩尤等。①

4. 道教人物神。这类人物神一般具有半人半神的身份，有"真人""仙人"等名号，著名的"八仙"就是杰出代表。②

图 3-1
河北道教文化节

---

① 乔志强.近代华北农村社会变迁[M].北京：人民出版社，1998.
② 范丽珠.中国宗教的制度性与散开性[J].中国宗教，2002（6）：60.

（三）宗教神崇拜

宗教神是随着佛教的传入不断纵深推进发展的，并与中国传统乡土鬼神信仰相互融合，成为黄淮海地区农村民间信仰体系的重要内容。

在黄淮海传统村落中，信奉的宗教主要有道教、佛教等。各种宗教在黄淮海地区传播的过程中留下了许多寺庙、宫观、塔院、经幢、壁画、塑像等，还形成了诸多习俗，例如烧香、还愿、赐福免灾等。

烧香是指人们到寺庙或者供奉神灵的地方，将香插在香炉里，以此来表示虔诚。还愿是祈求神灵办事成功之后，践行对神许下的承诺。赐福免灾最常见的是念咒、画符、镇邪等。念咒是人们希望通过语言解决自身难题或保佑自身平安，比如人们常常念诵"阿弥陀佛"来祈求自身平安。画符是和尚、道士等所画的图形，老百姓认为符可以镇压鬼邪，驱逐灾祸。镇邪是利用特定的东西来压住灾祸，例如实物、图像、文字符号，实物主要包括铜镜、火焰、爆竹、艾草等，图像主要包括吉兽、凶兽、灵兽等，文字符号如"姜太公在此，百无禁忌""姜太公在此，诸神退位"等。

二、黄淮海传统村落信奉的主要神灵

（一）东岳大帝

东岳指的是泰山，有"天下第一山"之称。人们对泰山的崇拜源于山岳崇拜，即自然崇拜。这种山岳崇拜与郊祀天地后来发展成

图 3-2
东岳大帝

了封禅祭祀。早在先秦时期，就有许多君王登泰山封禅。自秦始皇统一六国，在泰山举行封禅大典后，历朝历代很多帝王都到泰山举行封禅仪式，以表示自己是受命于天，政绩突出、国泰民安。泰山也随之不断被人们神化、帝王化，地位不断提高，到了元世祖至元二十八年（1291），被尊为"东岳天齐大生仁皇帝"，简称"东岳大帝"。在民间，东岳大帝被当作统管鬼神和主管世人生死的神灵，过去在全国各地都有供奉东岳大帝的东岳庙。另有传说东岳大帝有子女，最著名的儿子名为三郎，最有名的女儿为碧霞元君。

（二）碧霞元君

碧霞元君，传说为东岳大帝的女儿，因其特殊的寓意而在黄淮海传统村落备受崇拜。人们认为碧霞元君掌管妇女产子、老少平安，多受妇女们喜爱。她的另一个称号"泰山娘娘"源于民间传说——泰山玉女。自宋真宗赵恒临泰山封禅，重新铸造了玉女像，建庙祭祀后，民间开始出现将泰山和玉女混为一谈的说法，并广为流传。到了明代，有了官方编修刊印的冠以"碧霞元君"之称的道经，各地风行建庙祭祀泰山娘娘，称为娘娘庙或奶奶庙，民间影响力也日益扩大。因都有保佑老少平安的寓意，老百姓常将碧霞元君与佛教的送子观音混淆。

（三）龙王

作为我国农耕文明的发源地之一，黄淮海地区的人们对农业非常重视。在自然科学极为落后的时期，风、雨、闪电等天象关乎农业生产，人们只能依靠祭祀祈求风调雨顺，传说擅长行云布雨的龙王因而备受尊崇。在中国民间信仰体系中，龙王信仰兴起后经久不衰，甚至江河湖海其他诸多神灵信仰都逐渐被龙王信仰取代，还不断被神化而传颂至今。

图 3-3
龙王

（四）关帝

关帝又名"关圣帝君""关老爷""关公"，为道教的护法四帅之一。其所在的庙宇被称为"武帝庙"或"关帝庙"。关帝人物原型是三国时期的关羽，他忠肝义胆、有勇有谋、讲究情义。关帝与孔子分别被称为"武圣"与"文圣"，民间广为膜拜。人们祭拜关帝，目的是希望消灾治病、驱邪避恶、发财致富等。在黄淮海地区，人们将关公奉为财神，将农历五月十三或者六月二十四奉为关公生辰，这一天会举办大小型庙会，进行公祭、演戏以及商贸活动。

（五）观音

观音又名"观音娘娘""观音老母""观世音""观自在"，为佛家神灵，尊号全称为"大慈大悲救苦救难观世音菩萨"。最初为男

图 3-4
关帝

图 3-5 观音菩萨

性形象,可以变化成各种形体。但老百姓一般将其看作救苦扶难的女神,伴随左右的分别是善财童子和龙女。过去,人们认为观音能为老百姓排忧解难、为妇女送子保胎等,所以很多妇女信奉观音。

(六)城隍

城隍为冥神,由人鬼担任,最初为自然神,后转变为城镇保护神,是地方阴间的最高神灵,掌管冥籍和水旱吉凶。如果生前对当地做过贡献,死后可以成为城隍的手下。

图 3-6 河北省邯郸市磁县的城隍庙

清明节、农历七月十五、农历十月初一时，人们会举办三巡会，也称祭坛会，即城隍出巡，目的是"赈济厉鬼，确保平安"。各地城隍庙规格不同，城隍生日不同，神诞会时间和规模也不同。

（七）土地神

土地神又名"土谷神""社神"，为城隍手下的乡村长官，主要负责收容羁押刚刚去世的鬼魂。老百姓认为新鬼要到土地神那儿报

图 3-7
土地神

到，待满三天之后才可西行，所以在人去世之后有"报庙"之说。这三天，人们烧香烧纸、送饭送菜，意为请求土地神关照。黄淮海地区的土地神多为人形，一般是一位穿袍戴帽的白发老翁和一位老妇，即土地公公和土地婆婆。

三、黄淮海传统村落的庙会

举办庙会的目的之一是供奉神灵，这是一种群体性信仰活动。黄淮海地区的庙会种类众多，是北方庙会的代表。

北京的庙会是黄淮海地区庙会的重要代表之一。北京的庙会具有鲜明的特点：规模较大，参与人数较多，表演艺人较多，小吃也比较丰富，庙会与当地老百姓的文化生活和经济生活紧密相连。北京地区主要有财神庙、东岳庙、碧霞元君庙、土地庙、妙应寺、护国寺、隆福寺等。人们在庙会上烧香拜佛、售卖商品。部分商品是农民闲时制作的玩具，用料主要是泥、木、布、面粉、竹子和金属。北京庙会上的玩具多种多样，如风车、风筝、空竹、花灯、陀螺、木刀、泥人、泥鸟、不倒翁、面人、毛猴、绒鸟和面具等。①

天津的庙会中比较著名的是天津皇会，每年农历三月二十三举办，一般长达十天。天津庙会的主要内容包括求子平安、民间文艺演出和商业贸易活动，最热闹的是"接会"和"花会"："接会"就是沿街搭看棚，请人在棚内观看民间文艺演出；"花会"过程中一般会表演著名戏曲、舞蹈和杂技。

河北农村地区庙会众多，主要有农历三月二十八的东岳庙会、四月初八的浴佛会、四月十八的碧霞元君庙会、四月二十八的药王庙会、五月十三的关公庙会、六月十三的龙王庙会、七月十五的盂兰盆会、九月十七的财神庙会等。河北除了这些较普遍的庙会之外，各地还有本地特色的庙会，如邯郸市黄粱梦镇黄粱梦村庙会、霸州市胜芳镇民间花会、承德外八庙转寺、邢台市火神庙会、安国市药王庙会等等。

山东庙会呈现出较浓郁的人文色彩，尤其是国家祭祀与民间祭祀两者并存的情况是较独特的。孔林庙会和其他民间庙会颇具当地特色，主要供奉泰山奶奶、佛爷、菩萨、送子娘娘等。作为五岳之首，泰山具有深厚、悠久的历史文化内涵。泰山不仅是一个地理概

---

① 赵世瑜.明清时期华北庙会研究[J].历史研究，1992（5）：118-130.

第三章 | 黄淮海传统村落的非物质文化景观

图 3-8 天津天后娘娘诞辰庆典

图 3-9 山东东岳庙会

念，更是一个精神象征，一个具有特殊意义的民间文化符号。黄淮海的民间文化较明显地体现了人们对泰山的崇拜与敬仰，泰山庙会就是一个具体体现。泰山庙会的举办时间是每年农历三月二十八、四月十八。三月二十八举办庙会是因为这一天是东岳大帝的诞辰，四月十八举办庙会是因为这一天是碧霞元君的诞辰。在庙会期间，人们会在山顶的树枝下压石子，以祈祷平安。

第三节
黄淮海传统村落的重要民俗

一、结婚与婚礼

宋代汪洙在《喜》中提到人生四大喜事："久旱逢甘雨，他乡遇故知。洞房花烛夜，金榜题名时。"洞房花烛夜位列其中，可见在古人心中，婚礼十分重要。婚礼是男女确立婚姻关系时举行的被社会承认的仪式。婚礼作为另一种形式的成人礼，从古到今都格外受重视。

（一）婚前习俗

1. 布置婚房

布置婚房可以说是迎亲前最重要的事情之一。将新婚住所布置一番，象征着去旧和讨喜。结婚用的被子要请膝下有子、丈夫健在

图 3-10
河北农村的婚房布置

图 3-11
贴"喜"字

的女性亲戚亲手制成,缝制时,切忌寡妇、弃妇触碰被子,借此希望新婚夫妇有好兆头。

2. 贴"喜"字

在黄淮海地区,结婚前一天必须将"喜"字粘贴完毕,过时则象征着喜气迟迟不来。贴"喜"字一般按从远到近、由外到内的顺序来贴,寓意将迎喜入门。且"喜"字必须成双成对,若门的数量为单数，则双面贴"喜"字。切记婚礼上不能倒贴"喜"字，一定要方正、水平。"喜"字一旦贴上，如果有新的嫁娶事宜，可以直接在上面贴新的，不能将旧的撕掉，寓意喜上加喜。

（二）结婚习俗

1. 迎亲

黄淮海地域辽阔，各地迎亲风俗都有所差别。在山东，新郎迎亲时会准备里脊肉让丈母娘品尝，名为"离娘肉"，还要带着用红线捆扎的新鲜大葱和红色的脸盆，寓意生活殷实美满和开源聚宝。在河北，迎亲时女方要先故意将新郎拒之门外，等新郎将讨喜红包塞入方可放行。在部分村落中，娶回新娘时，要绕村另择道路，不能走回头路。在安徽，新娘要由自家兄弟背上花轿／花车，或者直接由新郎横抱入花轿／花车。上花轿／花车时，地上要铺设糕点，让新娘踏过，寓意"高来高去"。

2. 压红纸

压红纸是黄淮海地区流传甚广的结婚习俗之一，即在迎亲前便在迎亲路上的枯井、坟地上铺设红纸，贴上"喜"字。旧时人们认为井里、坟地有污秽之物，不吉利，所以会贴上辟邪神符。如今大多会铺设红纸，为了防止红纸被揭开或损坏，有的地方会铺上细沙或放砖头压住红纸。压红纸通常讲究由内到外的原则，将家里的井盖先处理完毕，再延伸至街口，寓意将霉运从房内往外驱赶。吉利是婚礼的头等大事，切忌让新娘触碰到寓意不吉利的东西。

图 3-12
结婚红纸压井盖

3. 拜堂

新娘从花轿／花车入门时，最隆重的仪式莫过于拜堂，旧时分为拜天地、拜父母、夫妻对拜三个环节。如今拜天地的环节在黄淮海传统村落已经不多见，但是拜父母、夫妻对拜依然隆重非凡，所不同的是将旧时的跪拜礼改成鞠躬礼，新娘头顶红盖头改成胸前佩戴大红花。

4. 闹洞房

婚礼中最有趣且富有人情味的环节莫过于闹洞房。古语云："新婚三日无大小。"当婚宴过后，宾客们纷纷进入新人的内室，用戏弄新人、开玩笑、打闹等各种方式愉悦气氛。闹洞房别名"暖房"，它让新婚夫妻不仅能够在愉悦的氛围中增进彼此的感情，也带着大家美好的祝愿走进人生新篇章。

5. 闹公婆

在黄淮海部分地区仍存在闹公婆的古老习俗。"闹公婆",即把公公、婆婆的脸涂花,扮丑。跟新娘的青春靓丽截然不同,公公、婆婆要丑相毕露,可以使用各种颜色的染料,甚至是锅底的灰以及各种道具装饰脸部,寓意为展现夫家随和的一面,增进婆媳之间的感情。

6. 回门

回门一词源于"归宁",归宁最早出现于《诗经》,也有观点认为归宁源自山东胶东地区,当地方言中"归宁"的发音与"闺女"等类似。

在黄淮海地区,回门时间为新婚的第三天,新娘由新郎带领着回娘家,以诚挚的问候和丰厚的礼品对岳父、岳母表示感谢。女方娘家要设宴款待夫婿,称为"回门宴"。在款待新郎的同时,女方家属会嘱咐新郎、新娘相处之道:新郎要体贴新娘、养家糊口,新娘则须持家有道、相夫教子。按照习俗,如果两家相距较近,可当天返回;如果两家相距较远,可于女方家住宿一晚。

至此,婚礼仪式完毕。

二、丧葬与祭祀

(一)归天

在人快断气时(部分地区在去世之后),要给他穿好事先准备妥当的寿衣。寿衣俗称"装裹""装老衣裳",一般是5—7件的套装，含内裈、内袄、大裈、棉裤、大衫等，一律只着棉制品，忌穿双数的衣服；要和平时一样穿靴戴帽，穿着端庄；鞋为布鞋，不需要纳鞋底，鞋背上绣莲花图案，寓意步步生莲、终得正果。在人断气的那一刻，直系亲属要爆发性地哭诉，对死者表示深切的哀悼。随后起火焚烧"倒头纸"，立即将死者的遗体由炕上移至正屋中临时搭设的灵床上，灵床上一般要铺黄色被褥，还要给死者盖上绣有八仙图案的白色蒙单，寓意"铺金盖银"、富贵升天。人去世之后，切忌将遗体长时间放置于土炕上，否则就是让死者背炕坯，死后遭罪。

安置妥当后向乡邻报丧，多以燃放爆竹为信。

旧时还请阴阳先生写"讣白"。"讣白"俗称"殃榜""丧榜"，写明了死者的生卒年月。灵牌也要用白纸写，置于灵桌上，切忌倾斜。接下来要准备"座签"，即上端捆扎成束的白色纸条，纸条的条数由死者的年龄决定，一岁一条。若死者为男性，纸条下端呈尖角；若死者为女性，纸条下端呈燕尾形。"座签"通常绑在木棒上，悬挂于丧家的大门外。悬挂位置同样有寓意：死者为男性，就挂在门外左侧；死者为女性，则挂在门外右侧。

（二）报丧

人咽气后，主丧人应将需要通知的亲属姓名、住址详列名单，立即派遣专人登门向亲友报告死讯，并确定死者葬期，以便亲友能及时赶来吊唁。派的人不必是直系子孙，但必须是郑重对待此事的人。

（三）吊唁

吊唁是丧葬礼俗中较为郑重的一个环节。亲友前来吊唁，入门、出门都有规矩。临门时，将所带供品、花圈、挽幛转托给专人。性别不同，规矩也不一样。若吊唁人性别为男性，要到灵棚里对死者表示深切哀悼，守灵的孝子要劝慰他。吊唁人结束哀悼后出灵棚，回到灵前席位挺直站立，灵堂执事在香盆内放几张纸钱并点燃示意，吊唁人随即行四叩首礼，不需要发出声响，然后起身直立，拱手作揖，孝子磕头还礼。完成这些环节之后，吊唁人会将自己带来的礼金、供品、花圈、挽幛等说明，由丧葬记账员记录，如果是花圈和挽幛，会将写好的上下款和幛心挂在上面，摆放在比较醒目的地方。吊孝的挽幛统一为一丈五尺（5米）的孝布。若吊唁者为女性，可以只在灵棚内悼念，再到账桌行上礼，但外甥媳妇要像男性亲友一样入灵堂行磕头礼。亲友不管男女，都会叙述死者的生前功德，并对死者的家人表示慰问。外甥、外甥女等晚辈戴孝后，要到灵棚守孝以示哀悼。死者的义子、义女参加葬礼的规矩与其亲生子女相同，还要像其他吊唁人一样随礼，但不需要到灵堂守灵戴孝。

邻里乡亲和一般朋友前来吊唁，无须送礼金、花圈、挽幛等物品，但要带两包点心夹上烧纸当供品聊表心意。吊孝者前来，丧家必须有专人接待；吊孝者离开时，专人须陪同至大门之外，以示礼数周全。吊孝者中最特别的当数农村中老年妇女，她们大多以亡故者乡邻的身份，三五成群前去吊孝，俗称"吊纸"。她们无须带礼金或供品，只需要手中攥着些许烧纸。丧家将其带来的烧纸燃尽于香盆之中，她们便可以进入灵棚表示哀悼，形式虽不隆重但胜在情真意切，往往痛哭哀号、泪流满面。乡邻妇女吊纸，儿媳要陪灵，并按照礼数跪着拉拽吊纸人的衣物，让其节哀顺变。

（四）戴孝

根据礼数，亲生子女要佩戴重孝。重孝，即所谓"披麻戴孝"，依古礼要从头到脚皆为素白，衣服无领不缝边，腰系粗布麻绳。死者的儿子要穿孝衣、戴孝帽、鞔白鞋（将白布鞔在鞋的表面），女儿要穿孝衣、孝裤，戴孝包头，鞔白鞋。在部分地区，子女还要拉哀杖，左手拉杖暗指父亲去世，右手拉杖暗指母亲去世。在场的直系亲属和家族近支都要着孝衣。破孝，即丧家向应戴孝的人发放孝布。一般破孝要依据当地传统，兼顾以往在丧事上与对方所保持的回执礼数关系，还要衡量经济能力等因素，先行划出发放人员的标准和范围，然后委托本族中与丧家关系紧密的专人办理，一般会委托给妇女。死者儿媳的戴孝标准关乎除亲生女儿以外同辈戴孝人的丧服规格。部分地区孙子、孙女的孝衣肩头钉有红布等特殊标志。

（五）守灵

寻常百姓家通常将灵堂设在堂屋，停尸、守灵都在屋内，门外放置席子——吊唁者施礼跪拜的地方。灵床前方设置供桌，上面点着油灯，称为"长明灯"，寓意给死者照亮阴间路；还放着死者生前爱吃的生鲜、干果等供品；摆上一小碗干米饭（俗称"倒头饭"），插着五根秸秆小棍，棍的顶端要裹上面粉烘烤一下，俗称"打狗棒"；正中放着灵位和遗像。此外，还须在供桌前放置香盆，用来承接烧纸留下的灰烬。灵堂也可以设在院子里，称为"灵棚"。

宅院的格局如果是坐北朝南，应该在院子的东侧搭建灵棚，棚口朝西。将门板按南北方向放在长凳上，遗体头向北、脚向南放在门板上，脚对着敞开的门口，寓意"走出去"。灵棚口的中间位置要悬挂竹制的帘子，帘子上粘贴用白纸制成的灵位、悬挂死者的遗像，供桌等其他布置与灵堂一样。部分地区还在安排灵堂或灵棚的同时，将死者生前的被褥扔到房顶，拆开枕头取其内胆，拿到大门外点燃，示意家中有人逝世。

守灵，又名"守丧"，死者从咽气到下葬前，孝子都要守在身旁。守灵床主要有两个方面的寓意：一是陪伴死者走完最后一程，使家属内心得到宽慰；二是看护遗体，避免损伤。夜间守灵尤为重要，孝子要轮流熬夜守灵。因入殓后，离出殡还有一段时间，装遗体的灵柩要在灵堂或灵棚内放着，也需要人寸步不离地守护，这就是守灵。在守灵期间，无论昼夜，长明灯不能熄灭，且在部分地区，儿媳给长明灯添油拨灯芯，代表家族香火不断、后继有人。

在停灵守丧这段时间内，亲属朋友及帮忙的人都要在丧家吃大锅饭。在孝子忙于守灵的时候，管事要统筹大锅饭的规格事宜。开饭时，入座不讲究顺序，但守灵的孝子要轮流吃饭，灵堂不可缺人。

部分地区还会请吹打班乐队演奏，乐队由四五个人组成，乐器通常有手锣、小钹、笛子、唢呐等。

（六）入殓

棺材，也叫棺木、棺子。做棺材的材料，柏木最好，松木次之，杨柳木排最后。棺材的颜色以红色或棕色为主。入殓前，由女儿和儿媳将棺材底层垫上筛过的草木灰，铺烧纸，放上棉絮或干净的棉套,再铺一层烧纸,最后撒上小麦、谷子、黑豆、高粱、玉米配成的"五色粮食"。

在灵堂这边,由长子为亲人"掩脸",把"打狗棒"放在死者的手里。根据死者的性别,左右手握的数量不同,男性为左三右二,女性为左二右三。

同时,孝男、孝女要撒"垫背钱"。垫背钱主要由硬币、纸币、冥币三种组成,撒的时候,不能完全撒出去,要剩下一两个硬币。然后众人将灵床上的尸体抬往棺材,随即用脚把灵床踢翻在地,簸箕朝下遮住死者的头,直至将尸体放好为止。放好后,儿女们要再次整理死者的衣帽,在头两侧及脖子里塞上棉絮,把死者的头稳住,再将棺材盖盖上,即盖棺。在部分地区,要将火化后的骨灰均匀地撒在棺材里。

(七)出殡

1. 出殡前的准备

刨坟,即挖出适合埋棺材的土坑。刨坟必须在埋葬的当日进行。坟穴刨好后,丧家要安排人看护,防止被人破坏或暗下镇物等,也防止兔子、狗、狐狸等野物从坑上跳过。按照旧时说法,这些动物会使亡者诈尸。

出殡埋葬于午饭过后进行。出殡前,要与死者做最后的告别,将装有祭奠的饭食装到瓷罐(馅食罐)里带上,把灵牌、讣白、座签、挽幛的幛心以及各种冥器带到坟上烧掉。准备完毕后,众人将棺材平稳地放在灵车上,小头(脚部)向前,大头(头部)在后,保证死者面朝着前面,并把棺罩"罩"在棺材上。目前在黄淮海地区的农村里还有很多地方用拖拉机斗做灵车，孝子执幡步行，灵车紧跟其后。

2. 摔香盆

棺材被抬上灵车的同时，孝子在门外面向灵车齐膝而跪，另有孝子在旁边拿着招魂幡、哭丧棒、花圈，按长幼辈分依次往后排。之后摔香盆，摔香盆者应为死者的长子或长孙。如果无儿无孙，就由其他较亲近的亲属来代劳，按照旧俗，摔香盆者继承死者的家业。摔香盆讲究重摔，且越碎越好，寓意消除死者生前的执念，得善因。部分地区还有长子打幡、次子抱罐的习俗，俗话说"抱罐，抱罐，家业一半"。

3. 送殡

摔碎香盆后，送殡开始。放炮的先行开路，提篮的妇女装上馅食罐、讣白、座签及供品紧跟。摔香盆者扛着招魂幡前行，其他孝子打着哭丧棒随幡步行。邻里乡亲护于灵车两侧。亲属中的女眷坐在后边送殡的车上。一路撒买路钱（纸质"铜钱"），是给阴间拦路鬼的。部分地区还有摆路祭的习俗：死者生前德高望重或曾经施恩于人，生者为报答其恩德，在灵车经过时摆香桌供祭，丧家"提篮的"散发饼干以作答谢。

4. 下葬

灵车行至坟地，礼炮先响，并将随行的棺罩、冥器焚烧掉，寓意让死者带走。部分地区还流行"转坟"，即孝子执幡围坟坑顺时针转三圈，孝女要围坟坑逆时针转三圈，而后孝子、孝女按原路返回。埋葬时，由他人代劳填土，当日只需要堆砌小坟头，能将招魂幡插入并直立就可以了。

（八）服丧与祭祀

1. 烧七

从逝世之日起，每七天烧一次纸，烧七次，共七七四十九天，叫作烧七。一般"烧短七，不烧满七"，常把初旬（一七）改为六天，即埋葬后的第六天烧一七纸，最后的七七要延长一天，总共为七七四十九天，即满七。满一百天时，要烧一次"百天纸"。目前往往将烧七改变成四次：一七、三七、五七、七七。由儿子、儿媳、出嫁的女儿和其他至亲去坟上烧，每次都要带供品，烧冥币、烧纸。按丧事习俗，烧七、烧百天、烧三周年的传说是因为人死后要到阴曹地府，阴曹地府的十位王官（掌管十殿）和四位审判官要审查亡者生前的善恶行为，死者首先要过前七殿：第一殿秦广王、第二殿初江王、第三殿宋帝王、第四殿伍官王、第五殿阎罗王、第六殿变成王、第七殿泰山王。儿女烧七，是希望父母在阴间能安然舒适，过王顺利，能够投胎转世。

2. 守孝

戴孝要戴足百日，在此期间不能剪头发，不允许参加喜庆或娱乐活动。三年内不粘贴春联或使用黄纸、蓝纸写春联，过年闭门等。丈夫新亡的年轻寡妇也要"守"，最少守足百天。

3. 上坟烧纸

上坟烧纸是缅怀死者的传统祭奠方式。按照风俗，每年要在忌日、正月、清明、农历七月十五上坟烧纸。黄淮海部分地区只在死者死后三年的忌日烧纸，之后便不在忌日上坟烧纸。在正月烧纸的时间，各地风俗不同：部分地区是正月初一，只允许儿子上坟烧纸；部分地区是正月初三，允许儿子、女儿一起上坟给所有去世的长辈烧纸。至于在清明烧纸，事实上并不一定要在清明节这一天，清明节前后两三天都可以。

（九）丧礼禁忌

丧礼中存在诸多禁忌。例如寿衣件数切忌为双，因为寓意双亡；人去世，不能说"死"，而是委婉地说"老了""走了"；入殓时，若亡者有配偶，一定只能选择单数日；孕妇、新娘不准上坟，以免沾染晦气；穿孝衣、戴孝帽者，不可随便出入别人的家门；下葬时，孝子要闭口缄默，不得喊人姓名。

黄淮海不同地区还存在着一些不同的风俗禁忌，例如在河北，死者的被褥不能留给长子以外的孩子，否则将会给孩子带来灾祸；装裹遗体不能用皮货或毛衣，否则寓意下一世会是畜生；装裹上衣不钉纽扣，否则会不利于子孙的前途和发展。在河南，死者入殓不能空，须用土坯塞紧；夫妻亡故，棺材不能使用相同的木材；孝子须穿白鞋，三年后丢弃于门外。

第四节
黄淮海地区的传统节俗

一、春节前后的节俗

春节,即农历新年,是中国最热闹、最隆重、最喜庆的节日。在黄淮海地区,与春节相关的活动并不是仅仅限定在正月初一:在腊月末,人们要做很多准备来迎接新年;在正月初一至十五,大家会走亲访友,联络感情。

(一)春节前

春节前要扫房除尘,因为在年末,所以又被称为年终大扫除。在天气晴朗的日子除尘,是为了扫除一年的晦气,干干净净地迎新年。另外,黄淮海地区过春节一般家家户户都会贴春联、贴门神。

贴窗花也是黄淮海传统村落的一种习俗。不同地区窗花的形状不同,在山东,窗花多为直条式,窗花和窗框之间要留白恰当,布局均匀,窗花线条要细,多镂空,使贴窗花既能达到装饰家居的效果,又能保证光线通透,屋内亮堂。窗花的内容大多是劳动人民耕作、纺织、牧羊的场景,还有花鸟虫鱼、亭台楼阁、山水风景等多姿多彩的图案,更有历史故事、民间传说、戏曲故事等等。过年时贴窗花,不仅突出了年味儿,烘托了喜庆的气氛,也

图 3-13　春联

图 3-14　窗花

因此产生了丰富多彩的文化。这贴在窗户上的窗花，不仅是祈求吉祥如意之花，更是精美的民俗文艺之花。

腊月二十三或二十四为灶神节，有些地方又叫祭灶。在祭灶的时候要烧掉旧的灶神像，贴上新的灶神像。在黄淮海地区，过去人们认为灶王上天向玉皇大帝述职之后，玉皇大帝会在腊月二十五率领众神仙从天而降，视察人间善恶，扬善除恶，所以人们会在腊月二十三或二十四用糖果祭祀，用意是粘住灶王爷的嘴，使他即便说出话来，也是甜言。

（二）除夕

除夕是象征着团圆的日子。在这一天，

人们无论身在何处，都会赶回家与家人团聚。每户人家都在打扫干净的屋里摆上丰盛的菜肴，全家人团聚吃年夜饭。对于黄淮海地区的人们来说，年夜饭中最重要的是饺子。有些人家会将枣、钱、糖包进饺子里，寓意心想事成。在黄淮海不同地区，有不同的关于除夕的风俗。例如在河北邯郸，流行"扔愁帽"——大人将孩子的旧帽子或者旧头巾扔到大街上，等到正月十五烤火的时候烧掉，寓意烧掉旧愁、迎来新喜；在江苏，部分地区流行"挖元宝"，即在饭内放入熟荸荠，吃饭的时候挖出来；在山东，流行整夜包饺子，燃灯、燃檀香木，在院子里搭彩棚；安徽人在吃团年饭前放鞭炮、贴春联、祭祖，祭祖要有鸡有鱼；北京人在除夕要拜访亲友，家人叩拜长辈，新婚夫妇到岳父家辞岁。

（三）春节至正月十四

在春节期间，过去家家户户都会燃放鞭炮。我国很早就有燃放鞭炮庆祝新年的习俗。来鹄的诗句"新历才将半纸开，小庭犹聚爆竿灰"（《早春》），描写的就是春节燃放鞭炮的情景。

初一，人们见面时要相互祝福；晚辈给长辈磕头，长辈给晚辈压岁钱；要穿新衣，这寄托着人们美好的愿望和憧憬。初二，除了拜年之外，女儿要回娘家，与家人团聚。初四是接神之日，上一年腊月二十四送神上天，初四诸神下凡。一般从初一到初四，不倒垃圾，以免财富外流。部分地区初五要燃放爆竹以驱逐贫穷，即"赶五穷"。初六一般是商铺开业的日子。

（四）正月十五

正月十五是元宵节，也是每年的第一个月圆之夜。在这一天，人们要赏花灯、吃元宵和放烟花。黄淮海地区的花灯各有特色，例如山东地区流行"占岁灯"，其制作原材料是面，可以做成岁灯、月灯、属相灯等。在元宵节期间，民间艺人组织的耍龙灯、舞狮子、踩高跷、划旱船、扭秧歌、猜灯谜等活动，也增添了几分热闹的气息。

图 3-15　舞狮子

二、农历上半年的节俗

（一）清明节

清明节的主要活动是扫墓和踏青。扫墓主要是挂纸烧钱和培修坟墓，烧纸钱是表示后辈给先人送来了费用，培修坟墓是因为古代的坟墓是用泥土做的，一年下来，坟墓会有不同程度的损坏，还长满杂草。

（二）端午节

端午节又叫五月节。对于端午节的来历，较普遍的观点是为了纪念诗人屈原，但也有些人认为端午节起源于对龙图腾的崇拜。在端午节的时候，黄淮海多数地区的人们会包粽子互赠亲友，还在家门口挂上艾草，以消灾辟邪。

图 3-16 包粽子

三、农历秋季的节俗

（一）七夕节

七夕节在农历七月初七，乞巧是七夕节的主要活动，所以七夕又被称为"乞巧节"。在当天晚上，妇女在庭院里向织女星乞求智巧。

（二）中元节

中元节在农历七月十五，又称"鬼节""冥节"。这一天，城隍爷出巡，人们祭祖上坟、超度亡魂，有些地方的人们会在路边祭孤魂野鬼。

（三）中秋节

中秋节在农历八月十五，又叫"八月节"。这一天晚上，月亮非常圆、特别明亮，人们赋予中秋节团圆的寓意，月饼也象征着团圆、和睦。月饼产生的时间有多种说法，但"月饼"一词最早见于南宋吴自牧的《梦粱录》，后来逐渐发展成各地不同的月饼，如京式月饼、苏式月饼等。

（四）重阳节

每年农历九月初九为重阳节。在这一天，人们登高赏菊、吃重阳糕，部分地区的人们会酿造菊花酒、喝辣萝卜汤以祈求平安。各地会按照重阳节这一天的天气来占卜庄稼的收成：如果重阳节当天刮东北风，来年就会丰收；如果刮西北风，则预示着来年歉收。[①]

四、农历冬季的节俗

(一) 冬至

冬至没有春节、端午节、中秋节那般热闹。冬至的习俗，最重要的是祭祖，各家各户均杀鸡宰鸭，准备酒、肉、水果等。祭拜之后，全家吃一顿丰盛的晚餐，以庆团圆。俗话说"冬至饺子夏至面"，传说冬至不吃饺子会冻伤耳朵，所以黄淮海地区的人们这一天基本上都会吃饺子。

图 3-17 饺子

[①] 王恩田.齐鲁文化志[M].上海：上海人民出版社，1998.

（二）腊八

相传早在夏商周时期，人们在年底就要举行"岁终之祭"了，汉代应劭在《风俗通义》中说："夏曰嘉平，殷曰清祀，周曰大蜡，汉改为腊。"农历十二月初八，俗称腊八。人们在这一天要吃腊八粥——用糯米、赤豆、红枣、桂圆、莲子、花生等杂粮和干果熬成的粥。在黄淮海地区，最初人们喝腊八粥是为了驱鬼，后逐渐演变成庆祝五谷丰登。腊八之后，就要准备过春节的东西了。

（三）数九

北方有《九九歌》："一九二九不出手，三九四九冰上走；五九和六九，沿河看杨柳；七九河开，八九雁来；九九加一九，耕牛遍地走。"每年从冬至就开始进入数九寒天。"数九"源自什么时候？现在还没有发现明确记载，但是至少南北朝时期就已经流行了。从冬

图 3-18
腊八粥

至开始算起,"数九"包括冬天最寒冷的时节。谚语"头九暖,九九寒",意思是说如果头九天暖和,整个冬天都会特别冷。一般人认为"三九"是最寒冷的,但实际上"四九"才是冬天最寒冷的时候。

第五节
黄淮海传统村落的饮食习俗

黄淮海地区的饮食文化根植于独特的区域文化。人们将当地的礼仪文化融入饮食之中,无论是日常三餐还是食礼庆典,都讲究以礼为先,其中尤为重视长幼尊卑有别,在座位方面常按主宾、尊卑、长幼、亲疏等关系安排入座。该地民风淳朴,饮食不讲究排场奢华,而是以量大实惠为佳,饮食风尚显得肃穆、庄重,不落大方之家。[①]

一、食物类别

(一)主食

黄淮海地区独特的自然条件决定了当地人们的植物性食物主要是大米、玉米、高粱、荞麦、绿豆、黄豆、红豆、甘薯、马铃薯等。

---

① 徐文苑.中国饮食文化概论[M].北京:清华大学出版社,北京交通大学出版社,2005.

食物的加工工艺主要有蒸、煮、烙、炸、烩、煨、煎等。

蒸类主要是馒头、包子、烧卖、蒸饺、窝头等。馒头用面粉发酵蒸成，有发面和戗面两种，形状多为圆形或者方形，实心或者包馅。窝头是用玉米面、高粱面、豆面以及其他杂粮面制成的，形状上小下大，如塔。

煮类食物有面条、水饺、馄饨、汤圆等，其中面条最常见，其制作方法有擀、切、抻、削、压、搓等，可以做成刀削面、长寿面、五香面、山药面、春盘面、打卤面、阳春面、担担面等。水饺也深受欢迎，饺皮可以用手捏、用擀面杖擀、用茶盅扣等，有肉有素。

千百年来，饺子和面条深受人们喜爱，在黄淮海地区的饮食体系中占据着重要地位。黄淮海地区的人们逢年过节、迎亲待友，总要包饺子，俗话说"迎客饺子送客面"。圆滚滚的饺子代表着团圆，客人来了下锅饺子，代表着大家团聚在一起，团圆美满。细长的面条代表长远，客人临走时吃上一碗面，寓意着主人对客人的情谊长长久久，绵长而不会断绝。

烙类有烧饼、烙饼、麻饼、馅饼、月饼等。烧饼多用高粱面、

图 3-19
河北老槐树烧饼

小米面、玉米面做成。炸类有油饼、油条、馓子、麻花等，其中油条最普遍。

（二）副食

副食主要是指菜类，包括植物性和动物性两种类型。植物性菜类主要有"园菜"、野菜、树头菜三类。"园菜"是人工培育的蔬菜，主要有白菜、油菜、菠菜、韭菜、葱、丝瓜、冬瓜、菜瓜、扁豆、萝卜、山药、白薯、眉豆、蒜、莴苣等。野菜主要有蒲公英（俗名"补补丁"）、苦菜、芥菜（俗名"芥苗菜"）、杏仁菜、马齿苋（俗名"马舌菜"）、刺菜、山韭、猪毛菜。常见的树头菜有香椿叶、洋槐花、榆叶、榆钱等。黄淮海地区的人们有贮菜的习惯，农户普遍挖有菜窖。动物性菜类主要有鸡蛋、鸡、鸭、鱼、虾、蟹、猪肉、牛肉、羊肉等。

菜的烹调方法较多，尤其是酒宴菜种，有炒、爆、熘、煎、焗、烧、焖、煨、扒、烩、烤、熏、炖、熬、煮、拔丝等。[①]

黄淮海地区的特色果品有新鲜水果和人工制品两种。不同时间有不同的新鲜水果，如五月上市的甜瓜、桃、杏等，六月西瓜上市，七月有苹果、枣、石榴、梨、山楂等。人工制品中有果干和果脯，果干是将新鲜水果日晒或者烘干制成的，如葡萄干、红枣干等；果脯是将新鲜水果去皮、取核、糖水煮制、浸泡、烘干制成的，如杏脯、桃脯等。

---

① 乔志强.近代华北农村社会变迁[M].北京：人民出版社，1998.

图 3-20
茶

（三）饮料

饮料主要有茶、酒、汤、果汁等。中国是茶的故乡，黄淮海地区有悠久的种茶、制茶、饮茶的历史，该地的城乡居民都有饮茶的习俗。黄淮海地区的人们也普遍饮酒，在祭祀、社交等场合，酒是不可缺少的饮品，主要是以高粱、小米、玉米、甘薯等为原料酿造的酒。黄淮海地区汤的用料十分广泛、搭配灵活，蔬菜、水果、肉类、禽蛋都可以作为原料，主要有豆汤、菜汤、鱼汤、鸡汤、豆腐汤、虾汤等。

二、特色菜系

黄淮海地区最具代表性的特色菜系是鲁菜，以咸鲜为主，讲究清汤和奶汤的调制，烹调方法有爆、扒、拔丝等，爆分为油爆、酱爆、芫爆、葱爆、汤爆、火爆等。鲁菜名厨一般擅长海珍品和小海味的烹调。

鲁菜包括济南菜、胶东菜、孔府菜等三大系列。济南菜具有鲁西地方风味，口味以清香、鲜嫩、味纯为主，用清汤和奶汤制作的菜很多。胶东菜以鲜活海产品为主，主要用爆、炸、扒、蒸等烹调方式，口味以鲜为主，偏清淡。孔府菜历史悠久、种类繁多，都是历代厨师传承下来的，选料广泛，从山珍海味到普通的瓜菜豆腐；以炸、烧、烤、炒、蒸为主，口味偏醇香，十分讲究花色；有内厨、外厨之分，内厨主要供应府内家属饮食，外厨主要置办大型宴席和祭祀饮食。

鲁菜的传统名菜有：一品豆腐、葱烧海参、三丝鱼翅、白扒四宝、糖醋黄河鲤鱼、九转大肠、油爆双脆、扒原壳鲍鱼、油焖大虾、醋椒鱼、糟熘鱼片、温炝鳜鱼片、芫爆鱿鱼卷、清汤银耳、木樨肉、胶东四大温拌、糖醋里脊、红烧大虾、招远蒸丸、清蒸加吉鱼、葱椒鱼、糖酱鸡块、油泼豆莛、诗礼银杏、奶汤蒲菜、乌鱼蛋汤、锅烧鸭、香酥鸡、黄鱼豆腐羹、拔丝山药、蜜汁梨球、砂锅散丹、布袋鸡、芙蓉鸡片、氽芙蓉黄管、阳关三叠、雨前虾仁、乌云托月、黄焖鸡块、锅塌黄鱼、奶汤鲫鱼、烧二冬、泰山三美汤、清汤西施舌、赛螃蟹、烩两鸡丝、象眼鸽蛋、云片猴头菇、油爆鱼芹、酥炸全蝎、西瓜鸡等。①

---

① 王恩田.齐鲁文化志[M].上海：上海人民出版社，1998.

另有淮扬菜也很有名，它是江南风味与黄淮海地区美食文化的混合产物，指的是以淮安为代表的淮河流域和扬州一带长江流域的菜，为中国传统四大菜系之一，以制作精良、风格雅丽、追求本味、清鲜平和的特点闻名于中国，有"东南第一佳味，天下之至美"的美誉。

淮扬菜历史悠久，始于春秋，在隋唐时期得到发展，在明清时期兴盛。淮扬菜具有三大特点：第一，刀工精细。在中国传统四大菜系中，淮扬菜的刀工是最精细的，注重菜品形态和雕刻。第二，讲究火候。淮扬菜运用炖、焖、烧、煮等方式，通过调节火候，对菜肴进行烹制，制作出鲜、香、酥、脆、糯的菜。第三，口味适宜。淮扬菜讲究本味，兼顾南方菜系的鲜、脆、嫩和北方菜系的咸、色、浓等特点，形成了甜咸适中、咸中微甜的特点。

虽然淮扬菜的食物原料很少是山珍海味，以普通材料为主，但因为刀工精细、讲究火候、口味适宜，且注重选取鲜活的原料，在江淮地区流传着"醉蟹不看灯，风鸡不过灯，刀鱼不过清明，鲟鱼不过端午"的谚语，这种因时而异的准则确保了美食原料的最佳状态，使淮扬菜具有强烈的中国传统文化底蕴。

淮扬菜是国宴的主要菜系。著名菜品有蟹粉狮子头、三套鸭、大煮干丝、水晶肴肉、软兜长鱼、淮安茶馓、拆烩鲢鱼头、扬州盐水鹅、梁溪脆鳝、大烧马鞍桥、文思豆腐、平桥豆腐羹、松鼠鳜鱼、八宝葫芦鸭、西施含珠、双皮刀鱼、百花酒焖肉、扬州炒饭等。

三、风味小吃

黄淮海地域广阔，人们的饮食习惯不同，创造出了很多具有当地特色的风味小吃。

（一）豆汁

豆汁是北京的特色风味小吃，是制作绿豆粉丝的下脚料。早期深受老百姓的喜爱，后来乾隆皇帝于1753年命人将豆汁引入宫廷。豆汁有生和熟两种，主要在冬、春两季食用。

（二）臭豆腐

臭豆腐是具有北京特色的豆制发酵食品，王致和臭豆腐很有名，创始人王致和大约在清代康熙八年（1669）开始制作臭豆腐。有五大工序：制腐、切块、接菌、发酵、腌渍。成品是豆青色，香气扑鼻，质地绵软、细腻。

（三）豆腐脑

豆腐脑是用黄豆做的，将黄豆研磨成浆，过滤后烧开，冲入石膏水中，凝结成形就是豆腐脑了。豆腐脑颜色洁白，质地软嫩，吃的时候浇上一勺用口蘑、羊肉片打成的卤，趁热吃味道最好，也可跟烧饼、油条等同吃。

（四）驴打滚儿

驴打滚儿，又称"豆面糕"，制作原料是糯米粉，加入清水搅拌均匀后上锅蒸，之后摊在炒熟的黄豆面上，晾凉后裹上黄豆面，再像擀面一样擀平，放上白糖、豆沙馅，卷起来，切成小段即可食用，吃起来香甜但不黏牙。

（五）糖葫芦

糖葫芦是将去核的山楂果裹上冰糖串起来的特色小吃，小的长一尺（约合33厘米）左右，大的长三四尺。有的糖葫芦里加了馅儿，有的糖葫芦表面还有白芝麻。

图 3-21　驴打滚儿

图 3-22　冰糖葫芦

（六）煎饼

煎饼是山东人最爱的主食。刮煎饼、摊煎饼和翅子煎饼都比较有名，制作方法不尽相同。煎饼的制作原料也多种多样，有小米、黄豆、玉米、高粱、小麦等。

（七）德州扒鸡

德州扒鸡是山东的传统名吃，已有300多年的历史。1911年，德顺斋掌柜韩世功等人精心钻研改进，制作出五香脱骨扒鸡。德州扒

图 3-23　山东杂粮煎饼

图 3-24　德州扒鸡　　　　图 3-25　马家卤鸡

鸡具有熟烂脱骨、肉嫩松软、清香不腻、色形俱佳的特点，远近闻名。

（八）马家卤鸡

马家老鸡铺的卤鸡是河北河间的马氏兄弟所创，其显著特点在于煮鸡时加入了益身提味的中药材。在制作过程中，各个步骤都控制新鲜度，也就是宰鲜、煮鲜、卖鲜，所以老百姓非常喜爱马家卤鸡。

（九）狗不理包子

狗不理包子是天津有名的小吃之一。创始人高贵友的乳名叫"狗子"，他在制作包

图 3-26
狗不理包子

子的过程中特别认真，顾不上说话，被人们趣称"狗不理"。因为制作时用半发面做包子的皮，所以汤汁较容易保存。在调馅的过程中边搅拌边加酱油、水等，所以蒸出来的包子特别鲜美。

（十）高密蜜枣

高密蜜枣起源于明末清初，先用面粉、油、麦芽糖等和面做皮，之后像包饺子一样把核桃仁、芝麻、花生仁、冰糖、蜂蜜等十几种原料做成的馅包起来，用油锅炸熟，在出锅之后裹上一层芝麻，清香松脆，甜美可口。

第六节
黄淮海传统村落的文体艺术

表演艺术是一种在漫长的历史岁月中逐渐沉淀下来的文化精华。黄淮海传统村落的表演艺术主要有戏曲、音乐、舞蹈、体育、曲艺等。

一、地方戏曲

戏曲是中国文学艺术的灿烂篇章，起源于原始歌舞表演，汇集祭祀、歌舞、诗词、说唱艺术等诸多形态，是融唱、念、做、打于一体的综合艺术形式。戏曲在黄淮海传统村落的曲折演变中不断创新、丰富，形成了贴近民众生活的曲目、曲种，成为黄淮海地区人民的重要娱乐方式之一，反映着黄淮海地区人民的生活情趣，影响着黄淮海地区人民的生产、生活、思想和风尚。

（一）京剧

京剧是我国戏曲文化的代表之一，被称为"国粹"，曾因北京改名为北平而被称为"平剧"。京剧表演者的面部妆容与造型不追求逼真，而是高度夸张、精妙，突出形象化、装饰化，是从历史中概括出的精华。服装色彩斑斓，符合我国各民族历来喜欢穿着艳丽

第三章 黄淮海传统村落的非物质文化景观

图 3-27
京剧的剧照

服装的传统，以"上五色"和"下五色"为主，"上五色"为黄、红、绿、白、黑，"下五色"为紫、粉、蓝、湖、绛。经过程长庚、谭鑫培、王瑶卿、梅兰芳等艺术大师的不断改革创新，京剧艺术具备鲜明的特点，成为传统戏剧艺术的集大成者。京剧的传统曲目有千余个，著名的有《霸王别姬》《群英会》《空城计》等。

（二）河北梆子

河北梆子是河北省主要的地方剧种，早年又称"京梆子""直隶梆子"，在整个中国梆子声腔中占有重要地位。除了生行、净行以外，角色的行当分类、表演形式与京剧的差别不大。现在主要流行于河北、天津、北京以及山东、河南、山西部分地区。唱腔的风格特点是高亢、激越、慷慨、悲切，属于板腔体，唱词整齐划一，多为七字或十字。主要板式有慢板（包括大、小慢板）、二六板（包括正、反调）、流水板（包括垛、散流水）、尖板、哭板以及各种引腔、收束板等。伴奏音乐多样，其中唢呐曲牌、弦乐曲牌近百支，锣鼓经百余首，组合形式变化多样，主要用于烘托舞台气氛和协调角色动作。唢呐曲牌多由昆曲、高腔转借而来，有承接，也有变化。弦乐曲牌一部分继承于山西、陕西的梆子，一部分是由当地民歌小曲加工而成的。传统伴奏乐器，文场以板胡为主，和以笛、笙、三弦；武场有锣、鼓、钹、

图 3-28　河北梆子的剧照

铙等。表演具有朴实、粗犷、勇武的特点。男女演员，不论是文行，还是武当，都须具有基础的武功打底。传统行当分生、旦、净、丑，生包括文、武胡子生，小生，武生，穷生；旦包括青衣、花旦、武旦、彩旦、刀马旦；净包括大花脸、二花脸、武花脸；丑包括武丑、文丑。此外，还有一种特殊的净生，特点是清水脸，挂白胡，扮相同京剧的白髯老生，但唱花脸腔，由净行应工。1949年以后，为了适应现代的精神面貌，河北梆子在音乐、唱腔、表演、舞台美术等方面都有很大的转变和提升，增添了明朗、刚劲、华丽、婉转的特点。著名的河北梆子表演者有裴艳玲、雷保春等，代表曲目有《两狼山》《天仙配》《下陈州》等。

（三）豫剧

豫剧旧称"河南梆子"，又名"靠山吼""河南讴"，是河南的地方剧种。豫剧是在河南地方小调的基础上，逐渐吸收弋阳腔、秦腔、罗罗腔等剧种精华的独立剧种。用弦索和打击乐器伴奏，主要是板胡、二胡、大锣、手铍、鼓板、唢呐。以梆子决定节奏，配以其他弹拨、吹奏乐器，如月琴、三弦、笙、笛等。唱腔结构为板式变化体，属于梆子腔系。在发展过程中，豫剧形成了几个不同的调派，分别是祥符调，以开封为中心；豫东调，以商丘为中心；沙河调，以漯河为中心。三者大同小异，统称"豫东调"，多用假嗓，音域较高。豫西调以洛阳为中心，多用真嗓，音域较低。豫东调和豫西调的差别较大，前者轻快、激越，后者悲凉、缠绵。豫剧的角色行当主要是四生（包括老生、小生、大红脸、二红脸）、四旦（包括青衣、花旦、老旦、彩旦）、四花脸（包括黑脸、大花脸、二

图 3-29 豫剧的剧照

花脸、三花脸)等。豫剧著名演员有陈素真、常香玉、马金凤、崔兰田、阎立品等,著名曲目有《花木兰》《穆桂英挂帅》《秦香莲》《桃花庵》等。

(四)傩戏

由于受到所在地经济、政治、宗教、教育、民族等影响,傩戏在黄淮海地区不同传统村落的形态各异,命名方式也不同:以傩戏主要演出者巫师的地方称谓命名,例如安徽端公戏;以傩戏的功能命名,例如河北省邯郸市武安市的傩戏《捉黄鬼》等。

傩戏历史悠久，人们希望借助傩戏驱邪纳吉、祛病消灾，以保证村庄、村民的安宁。傩戏演出并不限定在某一个固定地点，既可以在家族祠堂，也可以在街道边，还可以在村中的空地上，演出范围可以涵盖整个村庄。除了巫师以外，家族成员、村庄成员都可以参与傩戏演出。这些人既是演员也是观众，在他们看来，这种参与不是娱乐，而是关乎家庭、家族、村庄的命运。

傩戏的演唱内容是叙述体和代言体相结合，并以叙述体居多。人们大多认为傩戏表演不是说唱，因为它不同于一般的说唱曲艺，而是将歌唱和表演结合在一起。傩戏的演唱程序主要和"神"相关，一般分为请神、娱神、神灵驱邪、送神四部分。例如安徽省池州市贵池区的傩戏演出程序为：请神、启圣、请三官、新年斋、问社公或问土地公、逐疫、送神、朝庙等。傩戏注重用面具来塑造神灵、英雄、魔鬼等形象，部分地区甚至将傩戏称为"戴面具戏"。

固义傩戏很出名。固义村位于河北省邯郸市武安市冶陶镇，固义傩戏属于河北省传统地方戏曲剧种之一，源于古代傩祭、傩舞、傩乐和驱邪习俗，目前主要分为舞台和街头两种形式。固义傩戏的舞台剧是用锣鼓伴奏，说唱与表演由不同角色进行。说唱者被称为"掌竹"，在表演的过程中站在舞台的前角，介绍人物和剧情。固义傩戏的舞台剧主要剧目有《岑彭马武夺状元》《吊黑虎》《点鬼兵》《打十棒鼓》等。固义傩戏的街头剧包括花会、《捉黄鬼》等。街头剧一般从秋后决定起社，正月演出。正月十四迎神开始，十七送神结束，正月十五的《捉黄鬼》最精彩，其中的迎神、祭祀、送神灯仪式，配合队戏、赛戏、花车、旱船、秧歌等艺术形式。在表演过程中，固义村村民几乎是全员出动，30人戴面具，400多人画脸谱，

图 3-30　傩戏《捉黄鬼》

上千人参与演出和辅助工作，除了"黄鬼"，角色相对固定，父传子承。固义傩戏通过捉鬼、审鬼、判鬼、处置鬼等仪式，教育人们遵纪守法、孝敬父母。

（五）山东梆子

山东梆子，又称"高调梆子""高调"。起初是用真声，也就是大本腔演唱，后来逐渐改用假声，也就是二本腔演唱。常用板式有慢板、流水板、二八板、一鼓二锣、飞板、起板、裁板、二犯、金钩挂、一串铃、倒反拨等。山东梆子伴奏用的曲牌有180余种，传统剧目有600余个，著名剧目有《两狼山》《玉虎坠》《七错》。

（六）五音戏

五音戏又名"五人戏"，以反映老百姓的生活为主，也有少量历史戏。早期只是用锣鼓伴奏，后来增加了二胡等乐器，在山东淄博、济南地区比较流行。

图 3-31　五音戏的剧照

（七）落子戏

落子戏以当地方言为主，如以临漳方言为主的沙东落子、以武安方言为主的武安落子等。武安落子又称"落儿腔"，是河北省的地方剧种之一，在河北邯郸、河南安阳较流行，表演形式朴素自然，唱腔主要有曲牌和板腔两类，经典剧目有《端花》《借髢髢》《吕蒙正赶斋》等。

（八）淮剧

淮剧又名"淮戏""江淮戏"，起源于江苏淮安、盐城一带。淮剧的雏形是门叹词①，一人或者两人表演，加上竹板击节。之后与民间酬神的香火戏结合，形成江北小戏。后来吸收了京剧、徽剧的唱腔、表演和剧目精华，结合自身特色，完成了向复杂说唱艺术的蜕变，成为淮剧，受到江苏省、上海市和安徽省部分地区人民的强烈喜爱。

淮剧以建湖方言为基调，兼容淮安、盐阜等地方言。淮剧语言由14个四声韵和6个入声韵组成。四声韵分别是爬沙、婆娑、图书、愁收、乔梢、开怀、齐西、谈山、田仙、辰生、琴心、垂灰、常商、蓬松。入声韵分别是霍托、活泼、六足、黑特、邋遢、锅铁。淮剧唱腔主要有新淮调、新悲调等。伴奏乐器是二胡、三弦、扬琴、笛、唢呐等，打击乐器是扁鼓、苏锣、堂锣等。

淮剧按照地域可划分南片和北片，南片包括上海及其周边地

---

① 门叹词：一种由农民号子和田歌"雷雷腔""栽秧调"发展而成的说唱艺术。

区，北片主要指盐阜（盐城、阜宁）、两淮（淮阴、淮安）、扬泰（扬州、泰州）等地区；按照唱法表演可以分为西路淮剧和东路淮剧，西路淮剧主要是在淮安和宝应地区，以老淮调为主调，特点是短促、强硬，东路淮剧以盐阜地区为主要发源地，以自由调为主调，特点是音调纯和。淮剧的角色行当是生、旦、净、丑。

淮剧在发展过程中形成了诸多唱腔流派，如筱文艳创立的筱派旦腔、何叫天创立的何派生腔、马麟童创立的马派自由调、李玉花创立的李派旦腔、杨占魁创立的杨派生腔、徐桂芳创立的徐派老旦腔、周筱芳创立的周派生腔等。

早期淮剧的经典剧种主要是生活小戏和大戏两类：生活小戏有《小打瓦》《种大麦》《赶脚》等，特点是生活气息非常浓郁、地方特色显著、语言诙谐幽默；大戏主要是"九莲十三英""七十二记"，"九莲十三英"指的是九本带"莲"字的戏和十三本带"英"字的戏，"七十二记"指的是以各种传奇故事命名的戏。后期幕表连台本戏有《杨家将》《岳飞》《飞龙传》《日月圆》，本头戏有《三女抢板》《舍妻审妻》，古装剧目有《赵五娘》《莲花庵》《孔雀东南飞》《孟丽君》《九件衣》《白蛇传》，现代剧目有《太阳花》《一江春水向东流》《照减不误》《十品村官》等。

1953年，上海人民淮剧团诞生，后改名为上海淮剧团。1956年，南京成立了江苏省淮剧团。2008年6月，上海淮剧团、江苏省盐城市申报的淮剧经国务院批准列入第二批国家级非物质文化遗产名录。2011年5月，江苏省淮安市、泰州市联合申报的淮剧经国务院批准被扩展入第三批国家级非物质文化遗产名录。截至2018年5月，淮剧的国家级非物质文化遗产代表性传承人有筱文艳、马秀英、张云良、武筱凤、程少梁、何双林、梁伟平等。

二、本土音乐

在漫长的历史长河中，黄淮海地区广大人民群众如薪火相传般一代代继承和发展了本土礼乐形式。无论是演奏乐器、乐谱，还是单个演奏、集体演出的形式，都杂糅了当地的民俗，极富地域特色。

（一）锣鼓乐

锣鼓的演奏需要各种乐器配合，由鼓板指挥，才能奏出有节奏、有规律的各种声响。锣鼓的品种、数量、组合配置、节奏花样与各剧种的演唱风格要相符，比如京剧锣鼓由大锣、小锣、钹和鼓板组成，有时还要增加堂鼓、小钹来表现特定的环境和气氛。

锣鼓的组合运用大致有三种：第一种以大锣为主，以小锣、钹和鼓板为辅；第二种以小锣为主，以鼓板为辅；第三种以钹为主，以小锣、鼓板为辅。其中，第一种、第二种乐器组合最常见，第三种运用得较少。由于乐器各有特点，组合起来所产生的效果和表达的情感是不同的。假如用上述三种组合来演奏同一种点子，虽然频率、节奏一致，但因为主副乐器的差别，音量、音色、力度等有许多差异，所表现的效果和情绪也不一样。

（二）崂山道教音乐

崂山道教音乐是中国民间音乐的重要组成部分，来源于上古民歌和民间号子，后融入"十方经韵"。金朝时，全真教将崂山道教音乐和十方道乐融合，逐渐形成了风格独特的道乐体系。后来形成了"内山派"和"外山派"两派,其中外山派擅长使用管弦伴奏,又因较多参与民俗活动,促进了崂山道教音乐的发展。目前,崂山道教音乐分为韵腔和曲牌两类,"崂山韵"整体上具有"十方韵"的特点,但同样具有地方特色。部分没有以"崂山"标名的经韵,在演唱风格上具有山东特色。

(三)唢呐

唢呐为"响器",由哨、气牌、侵子、杆和碗五部分组成。唢呐的音量较大,音色突出,粗犷高亢、刚中有柔、柔中有刚,是民间最流行的乐器之一,深受广大老百姓的喜爱。在黄淮海地区,办婚礼、丧事、过生日等,都喜欢请人吹唢呐。

(四)山东古筝乐

筝是弹拨乐器,今人习惯称为"古筝"。古筝流入山东已久,主要流传于山东省菏泽市的牡丹区、郓城县、鄄城县及周边地区,聊城市的临清市及周边地区,分别称为"菏泽古筝""聊城古筝"。三国时期,曹植曾用诗句"弹筝奋逸响,新声妙入神"赞扬古筝艺术。古筝有独奏、合奏、伴奏三种演奏方式,传统的合奏组合为筝、扬琴、琵琶、如意勾(拉弦乐器),伴奏常见的乐器组合是扬琴、坠琴、筝、软弓京胡。传统演奏方式为右弹左按、弹按结合、双手并重,讲究"弹按尾随"。学古筝的人必须掌握的两首乐曲是《双板》《单板》。山东古筝乐古朴典雅、节奏鲜明、结构精练、含蓄细腻,代表曲目有《流水激石》《三环套日》《孤雁出群》《渔舟唱晚》

等。著名的山东古筝演奏家有王乐涌、黎邦荣、黎连俊、张为昭、赵玉斋、张应易、金灼南、高自成、韩庭贵等。

(五)山东鼓吹

山东鼓吹是北方鼓吹的一大支派,有鲁西南、鲁中南、鲁北、鲁东等四个流派。鲁西南鼓吹风格独特、技艺高超、曲目丰富,几乎村村有"吹鼓手",镇镇有"鼓乐班",有"唢呐之乡"的美誉。山东鼓吹乐队又称"鼓乐房"或"鼓乐班",由七八个人组成,演出场所主要是婚丧喜庆场合。演奏时,吹管乐器有唢呐(海笛、锡笛、铜笛)、管子、笛子、笙、口哨、把攥子、闷笛等,打击乐器有扁鼓、镲、锣、钹、梆子等。山东鼓吹著名曲目有《百鸟朝凤》《六字开门》《大合套》《一枝花》等。

三、民间舞蹈

民间舞蹈是由人民群众自创自演,表现文化传统、生活习俗和精神风貌的群众性舞蹈活动。

(一)拉花

在黄淮海地区,拉花有很多种类,河北省石家庄市的井陉拉花是国家级非物质文化遗产之一。井陉拉花起源并流传于井陉境内,是北方秧歌的一种,多用于民间节日、祭祀、庆典、庙会。由于山水阻隔，地域差异较大，井陉拉花流派众多，以东南正、庄旺、南固底的拉花最具代表性：东南正拉花由三男三女（老翁、丑婆、男青年、女青年、男童、女童）表演，表演内容结合了逃荒的故事；庄旺拉花主要是表演爱情故事《卖绒线》，由男青年、小姐、货郎、村姑、男童、女童六个角色组成；南固底拉花的表演内容基于一个卖艺的故事，表演难度较高，因为要脚踩跷子，有"固底拉花一片功"之说。拉花表演与村落的关系密切，为活态传承，具有完整的传承谱系。

（二）跑驴

跑驴是一种尾随在秧歌后面的民间舞蹈，广泛流传于山东、陕西、河北等多个省份，已有200多年的历史，演出时间一般为春节或办庙会时。跑驴的主要伴奏乐器是唢呐、小鼓、大钹和小钹等，常选用冀东唢呐曲《满堂红》作为乐曲。跑驴中的驴形道具用竹、纸、布扎成前后两截，下面用布围住。演出时，场景设定一般为新婚夫妻回娘家，在回娘家路上需要过沟、爬坡、驴惊、抢救，伴有说、唱、舞，十分生动有趣。在表演过程中，女性要把驴头系在腰间，上半身呈现出骑驴的姿态，以腰为中心，小幅度摇晃身体，下半身通过小步走，模仿驴颠、跳、踢、惊、犟等动作。上身和下身协调配合，控制动作的大小、强弱、高低，与另一位扮演赶驴的人相互配合，完成表演。

（三）旱船舞

旱船舞是人们非常喜欢的一种民间舞蹈形式。旱船，顾名思义，是在陆地上的船，船身用竹篾或秫秸扎成，装饰布圈、纸花、彩绸。一般旱船舞由两个人表演，一个人坐船，一个人划船，划船的人要持桨做出开船的动作。船的两边有两个或者四个帮船女，在船的前面表演，俗称"踩水"。踩水女与艄公相互配合，不断摆动船桨，船随着音乐摇摆，踩水女边唱边跳，场面好不热闹。

（四）高跷舞

高跷舞，人们习惯称为"踩高跷"。跷多采用硬质圆木制作，下圆上扁，中间有一个跷踏，高约0.6米，两个为一副。民间高跷表演通常需要化妆、穿戏装，分为"文跷"和"武跷"两种：文跷以唱为主，较注重念和面部表情，演出时多夹杂源于传统戏剧、民间故事的戏剧情节，边踩边唱，生动形象；武跷表演重动作，比如叠罗汉、俯身倒、单腿跳、劈叉、越障碍、翻跟头等。多人表演高跷舞时，一般搭配弦乐或打击乐，踩着节奏，整齐划一地摆出各种队形，踩跷者只做动作，没有唱、念、对白。高跷舞蹈的服装、道具等没有固定的样式，根据自身需要而定。

四、传统体育

武术是以中华文化为理论基础，以技击方法为基本内容，以套路、格斗、功法为主要运动形式的传统体育。太极拳、梅花拳等是黄淮海地区的典型传统体育形式。

（一）太极拳

关于太极拳的创始人，有梁朝韩拱月、唐代道士许宣平、宋代武当丹士张三丰、元末明初陈卜、明末清初陈王廷等多种说法。

现在人们常说的陈式太极拳发源于河南省焦作市温县陈家沟，根据《陈氏家谱》，关于拳艺的文字记载，是从陈王廷开始的。据说现在的杨式太极拳、武式太极拳、吴式太极拳、孙式太极拳等，都是从陈式太极拳发展演变而来的。

杨式太极拳是杨露禅从陈长兴处学的，有诗曰："谁料豫北陈家拳，却赖冀南杨家传。"杨露禅在陈式太极拳的基础上加以改进，简化姿势，取消跳跃、震脚等激烈动作。后经其子杨健侯、其孙杨澄甫等进一步完善，自成一体，称为"杨式太极拳"。特点是舒展沉着、柔和大方、简洁严谨、朴实平正，以大架式为主，也有中架和小架，适合不同体质的人练习。

武式太极拳的创始人为武禹襄，河北永年人。武禹襄先随杨露禅学习陈式太极拳老架，后又到陈家沟随陈清平学习陈式太极拳新架。他把杨露禅的拳法和陈清平的拳法结合起来，创造了武式太极拳。武式太极拳以小架为主，结构紧凑，身法轻巧，动作灵活，步法敏捷，注意保持身体重心的平稳，出手不过足尖，适应老年人的需要。

吴式太极拳的创始人为吴鉴泉，吴鉴泉的父亲吴全佑曾从杨露禅学拳。主要特点是架式大小适中，动作轻松自然，灵活紧凑，以柔化见长。

孙式太极拳的创始人为孙禄堂，河北顺平人。孙禄堂先学形意拳和八卦拳，后向武式太极拳传人郝为真学太极拳，融合创新之后创立孙式太极拳。孙式太极拳架高步活，虚实分明，进退开合如行云流水，适合许多年龄段的人练习。

（二）梅花拳

梅花拳亦称"梅花桩""梅拳"，汉族传统武术拳种之一，起源于明末，清代乾隆年间流传较广。据《梅花拳根源经》《梅花拳传承谱》记载，梅花拳第一代为收元老祖（虚拟），第二代张三省，传说在巫山羽化升天。梅花拳前两代传人均以开法传道为主，且单一相传。自第三代邹宏义开始，才有文理武功的具体记载。这是很多人认为邹宏义是梅花拳创始人的原因。

邹宏义的墓位于河北省邢台市平乡县后马庄村。1997年，河北省体委和河北省体育总会授予平乡县"河北梅花拳之乡"的称号。2006年，梅花拳被列入第一批国家级非物质文化遗产名录。

梅花拳的基本拳路"架子"中有"桩步五势"和"行步"。布桩图形有北斗桩、三星桩、繁星桩、天罡桩、八卦桩等，桩势有大势、顺势、拗势、小势、败势等五势。练拳时"桩步五势"要站桩，静止不动；"行步"是不断变化的，动作要迅速、轻灵。

五、地方曲艺

黄淮海地区曲艺形式多样，以大鼓和相声为突出代表。

（一）大鼓

黄淮海地区的大鼓种类有西河大鼓、京韵大鼓、乐亭大鼓、梅花大鼓、山东大鼓、河南坠子等，下文以西河大鼓、京韵大鼓、乐亭大鼓为例。

西河大鼓又称"河间大鼓""西河调""大鼓书""梅花调""弦子鼓"，起源于河北省中部，清代康熙年间已在河北省农村地区广泛传播，20世纪20年代在天津被定名为西河大鼓。它是在木板大鼓、弦子书的基础上形成的，主要伴奏乐器为书鼓、铜板和三弦，演出时一人自击铜板和书鼓说唱，另有专人操三弦伴奏，唱词一般是七字句和十字句，基本腔调结构为头板、二板、三板，风格简洁苍劲，似说似唱，独具韵味。著名曲目有《杨家将》《呼家将》《闹天宫》《小姑贤》等。2006年5月20日，西河大鼓被列入第一批国家级非物质文化遗产名录。

京韵大鼓曾被称为"京调大鼓""京音大鼓""平韵大鼓""卫调大鼓""小口大鼓"，1946年在北平被定名为"京韵大鼓"。京韵大鼓产生于清末，是由河北省沧州、河间一带的木板大鼓发展而来的，主要流行于包括北京、天津在内的华北和东北地区。在发展过程中，鼓书艺人胡十、宋五、霍明亮以及后来的刘宝全等人对木板大鼓进行改革，形成了现在的京韵大鼓。刘宝全是京韵大鼓的主要代表人物之一，另两位是白云鹏和张小轩，并形成了刘派、白派、张派三大流派，在唱腔上各具特色。京韵大鼓重歌唱，唱腔属板腔体，可分为慢板、快板、垛板、住板，基本腔调为起腔、平腔、落腔、高腔、长腔、悲腔等。表演形式主要是一人站唱（也有双唱形式），自击鼓板，常用三弦、四胡、琵琶等伴奏。著名曲目有《单刀会》《战长沙》《长坂坡》《探晴雯》《黛玉焚稿》《包公夸桑》等。2006年，京韵大鼓的前身木板大鼓入选第一批国家级非物质文化遗产名录。同一年，京韵大鼓被列入北京市第一批非物质文化遗产。

乐亭大鼓，也叫"乐亭腔"，清代中叶形成于河北乐亭。有长、中篇说唱和短篇唱段两种形式，长篇的说白、唱词一般根据师承的"梁子"（提纲）敷演，中篇的说白、唱词比较固定，短篇唱段有固定的曲词、完整的唱腔结构。基本板式有大板、二性板、三性板、散板等，唱腔曾有"九腔十八调"，20世纪初形成了东路（以乐亭为中心）、西路（以唐山为中心）两种唱腔。主要曲目有《杨家将演义》《呼家将》《包公案》《大闹天宫》《拷红》等。2006年5月20日，乐亭大鼓被列入第一批国家级非物质文化遗产名录。

（二）相声

相声是广大人民群众喜闻乐见的一种曲艺，起源于北京，大约形成于清代中叶，现在流行于全国各地。主要使用北京话，以说、学、逗、唱为主要艺术手段，说指说笑话、打灯谜、说绕口令，学指模仿各种叫卖声、唱腔和各种人物的语言以及模仿各种地方戏曲，逗指互相抓哏逗笑，唱指演唱太平歌词。道具有折扇、醒木、手绢等，扇子在相声表演中有很多用处，可以虚拟为其他物品，但是不能用来扇风；醒木一般在说单口相声时使用；手绢常常被用来包头扮演女性，但是不能用来擦汗。相声的表演形式有单口（一人）、对口（二人）、群活（三人或三人以上）三种，现在还有相声小品。我国著名相声演员有马三立、张寿臣、侯耀文等。

第四章 黄淮海传统村落的典型案例

中国传统村落文化抢救与研究
文化区系列

Chinese Traditional Villages

第一节
永定河流域的传统村落

一、分布规律与特征

永定河流经北京市西部,为首都最大的河流,是海河五大支流之一,也是海河北系最大的河流。该河发源于山西省宁武县境内的管涔山,自西向东,全河流经山西、内蒙古、河北、北京、天津等地,共43个县市,至塘沽注入渤海,全长681千米,流域面积达5.08万平方千米。永定河北京段长约170千米,流经门头沟、石景山、丰台、房山、大兴5个区,流域面积约3168平方千米。

永定河是北京的母亲河,由于地缘关系和商贸物流,形成了连接京、津、冀、晋4省市的一道历史文化风景线。由于历史上永定河在华北平原西北部多次改道,形成了广阔的冲积扇,造就了肥沃的土壤、大量的湖沼和丰富的地下水,哺育了北京地区的早期文明,也为现代北京城的发展留下了地理空间。永定河及故道遗存所形成的莲花池和高梁河水系,成为补给古代战国燕都、元大都、明代京师等的主要水源。

永定河流经晋北高原与华北平原,跨越畜牧区与农耕区,沿线河谷地带成为民族交往,经济、文化交流融合的主要通道。永定河孕育了北京这座伟大的城市,哺育了众多周边的集镇和村落,滋养了绚丽多彩的民间文化。流域内的名山大川、聚落城堡、水利交通、传统风俗等,无不反映着中华民族的融合与发展。永定河是一条滋养沿岸物质文明的水脉，更是一条承载文化交流、传播文明成果的文脉。①

永定河流域具有浓郁、深厚的文化底蕴和丰富的文化遗产，具体而言，主要有七种类型的文化资源。②（见表 4-1）

表 4-1　永定河流域的文化类型

文化类型	范围
名山文化	灵山、百花山、妙峰山等
宗教文化	潭柘寺、戒台寺
古人类文化	许家窑人遗址、东胡林人遗址等
古都城文化	涿鹿、幽州、沿河城等
村落文化	举人村、爨底下村、三家店村、琉璃渠村等
水文化	永定河的起源、变迁、治理、开发等
古道交通文化	京西商旅古道、进香古道、军事古道等

二、典型村落

北京地区被列入中国传统村落名录的村庄比较多，下文以三家店村为例。

1. 区位

三家店村隶属于北京市门头沟区龙泉镇，位于永定河畔，是永定河的出山口。此地西连太行山，东望北京湾平原，不仅是明清京

---

① 吴文涛.这条"大文化带"值得重视[N].北京日报，2017-05-15（15）.
② 尹钧科，吴文涛.历史上的永定河与北京[M].北京：北京燕山出版社，2005.

西大道的起点、京西古道上最大的古渡口,还是北京城通往京西山区,到河北与山西的交通枢纽,也是山区与平原间的物流交易中心。2012年,三家店村被列入第一批中国传统村落名录。

2. 历史

三家店建村时间主要有唐代、辽代两种说法,但学界仍未有定论。[1] 北京人有句俗话:"东有张家湾,西有三家店。"[2] 三家店村地处京西大道的入山口,有"京西第一村"的美称。老舍笔下的骆驼祥子也曾走过这里。三家店村留存下来的文物古迹众多,有北京市、区级文物保护单位7处,大大小小的四合院几十座,百年以上古树17棵。村中的会馆、寺庙、古民居等建筑具有浓厚的京西地方特色,文化内涵十分丰富。三家店村民间文化活动丰富多彩、形式多样,远近闻名的民间花会上有太平鼓、太极拳、小车会、踩高跷、地蹦子等。2006年,北京市门头沟区申报的"京西太平鼓"经国务院批准列入第一批国家级非物质文化遗产名录。

三家店村是从北京前往山西的西山大路的起点,过去自北京城区向西前往山西,第一站多在此打尖。三家店村周边地区物产丰富、交通便利,成为京西各类商品的集散地。元、明、清时期,许多山西人越过太行山进入北京从事商贸生意,甚至移民至京郊一带从事农业生产,逐渐融入当地并发展为京西大户,山西会馆应势而出。1949年以后,三家店村的山西会馆成为小学校,因此至今保存完好。

---

[1] 薛林平.北京传统村落[M].北京:中国建筑工业出版社,2015.
[2] 刘铁梁.中国民俗文化志:北京:门头沟区卷[M].北京:中央编译出版社,2006.

三家店村过去曾是京西煤炭、石灰运往北京城区的中转站，商贸活动兴盛，店铺、大院众多，当时较出名的商号有西同丰药铺、西永成羊肉馆、太和兴杂货铺等。其中殷家大院是三家店村最具代表性的大院之一，又名天利煤厂，由殷家经营，清代咸丰年间达到鼎盛，煤厂经营长达200年之久。

三家店依水建村，附近的永定河上桥梁众多，也是永定河沿线河道上桥梁较为密集的河段。不足1000米的河段上，有并排横跨桥梁7座，其中3座为公路桥、4座为铁路桥。京门铁路桥是现存年代最久的桥梁，8孔，9桥墩，建成于清代光绪三十四年（1908），为詹天佑负责建设的京张铁路支线京门铁路工程的一部分，见证了三家店村的历史变迁与现代发展。

3. 景观

三家店村包括东店、中店、西店三个部分，东西主街长约1500米，现存古宅、院落百余处。大大小小的四合院留存着各种精美的影壁、拴马石、石门墩、门廊、砖雕、木雕，均具有不凡的艺术和历史价值，中街59号梁家大院和殷家大院是最具代表性的院落。

殷家大院由殷氏家族于清代道光年间创建，占地面积3508平方米，由73号、75号、77号院三组院落组成，共有大门14个，房舍73间，是三家店村保存较为完整的大型四合院。殷家大院（天利煤厂旧址）也是北京地区保存较完整的清代煤厂遗迹，被列为北京市级文物保护单位。此外，村中还有龙王庙、观音庵、关帝庙、二郎庙、山西会馆等建筑。

龙王庙，坐东朝西，是一座创建于明代的三合院建筑。现存砖

黄淮海传统村落

图 4-1　三家店村的石门墩

图 4-2　三家店村的龙王庙

砌门楼1座,上镶"古刹龙王庙"石质门额,正殿面阔三间,左右配房各三间。正殿内有《龙王行雨图》壁画,供奉四海龙王塑像和永定河神像。供奉河神像为永定河畔三家店龙王庙所独有,是研究黄淮海地区水利文化和永定河文化的重要实物资料。

白衣观音庵供奉白衣观音菩萨,创建于唐代,辽、金、明、清四代均有重修。正殿面阔三间,前带廊,五架梁,苏式彩绘,大硬山调脊,黄琉璃筒瓦,砖吻兽,五小垂兽。大殿内有石碑《白衣观音庵重修碑》,清代咸丰二年(1852)立。[①] 传说义和团曾在此设立拳坛,团结民众抗击八国联军。

图4-3
三家店村的白衣观音庵

---

① 薛林平. 北京传统村落[M]. 北京:中国建筑工业出版社,2015.

关帝庙铁锚寺始建于明代,因原来供奉关公,所以曾称关帝庙。关于它的名称,有一种说法是三家店村的村民从永定河中捞出镇水神物大铁锚供奉于此,关帝庙遂被改为铁锚寺;另一种说法是永定河水流湍急,得用重约 400 斤、高 1 米的四爪大铁锚固定摆渡的船只,后因京西古道上修了桥,不再使用大铁锚,三家店村村民将镇水大铁锚供奉于庙里以祈平安,遂改名为铁锚寺。

图 4-4
三家店村的关帝庙铁锚寺

二郎庙坐北朝南，明代万历二十年（1592）已建，为四合院式庙宇。原北正殿为三间蓝琉璃瓦调大脊顶，殿内供奉九尊泥塑彩绘娘娘坐像，主尊为碧霞元君，有勾头滴水和苏式彩绘。原南殿为三间黄琉璃瓦卷棚顶的倒座殿，供奉二郎显圣真君，为正殿主神娘娘的护法神，屋顶有垂兽，勾头滴水，旋子彩绘。

山西会馆位于三家店东街与中街交接处，坐南朝北，相传是清代乾隆年间主理琉璃瓦烧制的皇商赵邦庆所建。正殿勾连搭三间，宽

图 4-5 三家店村的二郎庙

图 4-6　三家店小学

11.5 米，进深 8.7 米，后为硬山调大脊，黄琉璃筒瓦顶吻垂戗兽，前为卷棚，元宝箍头脊，小式带垂小兽，后为五架梁，前为檩，正殿西旁有拔券门。配殿三间，宽 10.5 米，进深 5.4 米，大式，绿琉璃，元宝箍头脊带垂小兽，带勾头滴水。[1]正如前文所述，三家店村地理位置优越，过去为京西的商埠，山西人为在北京开展各种活动，建了山西会馆作为议事之所，现在是三家店小学。

---

[1] 齐洪浩.三家店山西会馆[N].京西时报，2015-01-14（A7）.

第二节
蓟州、大运河的传统村落

一、分布规律与特征

蓟州古称渔阳,春秋时期称为无终子国,战国时称无终邑,秦代属右北平郡,唐代设蓟州,1973年划归天津市。天津早期为小渔村,后历经寨、镇、卫、州、市,逐步升格发展为人口过千万的直辖市,这与其得天独厚的地理位置不无关系。天津东临渤海,北依燕山,海河在城市中蜿蜒而过(海河是天津的母亲河),毗邻北京,是南北交通枢纽,有"河海要冲"和"畿辅门户"之称。

隋代,京杭大运河成为贯通南北的水路交通"动脉",南运河和北运河的交汇处三岔河口(史称"三会海口")是天津的发祥地,出现了以捕鱼、晒盐为生的人家。五代之后,天津地区又成为宋、辽南北对峙的前沿阵地,双方各自在"界河"南北两岸险要处设防,布设了许多名为"寨""铺"的军事据点。北宋雍熙四年(987),沿河防线士兵在天津一带试种水稻,促进了农业发展,乡村聚落沿海河呈带状分布。[1]

天津聚落随漕运而逐渐发展,运河、海河沿岸聚落密度与规模都较大,呈明显的带状分布特征。漕运是南北粮盐运输和文化交流融合的方式之一,对天津地域文化的形成产生了重要影响。

---

[1] 仲小敏,李兆江.天津地理[M].北京:北京师范大学出版社,2011.

二、典型村落

天津地区已有三个村被列入中国传统村落名录，下文以西井峪村、六街村为例。

（一）西井峪村

1. 区位

西井峪村位于天津市蓟州区渔阳镇，坐落于历史文化名山府君山背后、中上元古界国家地质公园内，坐北朝南，四面环山，似在

图 4-7　西井峪村的券门

图 4-8
西井峪村的石碾

井中，冠以方位而得名。据相关史料记载："在渔阳古城北面，有一座形似笔架的山峰，名叫府君山，又称崆峒山。在山的后面，有一个小小的石头村，依山而建，石青色的房子高低起伏，散落在山涧的边缘。石头房、石头墙、石头街巷、石头碾、石头磨、石头洞藏，抬头是石，低头是石。这就是蓟县（现蓟州区）渔阳镇西井峪。"2010年，西井峪村被列入第五批中国历史文化名村，也是天津市首个中国历史文化名村。2012年，西井峪村被列入首批中国传统村落名录。

2. 历史

西井峪村何时建成，现已无资料证明，有一种说法是"明末成边将领周玉基阵亡后葬于崆峒山脚下，其家眷自通州迁来守陵并定居，后繁衍成村"。整个村庄地处中上元古界地质剖面自然保护区的南端，这里的岩石大多为页岩、石英砂岩、白云岩，形成年代在18亿—8亿年前，被誉为"裸露在东方大地上的万卷史书"。

图 4-9
西井峪村的道路

3. 景观

西井峪村有 3 个居住点，分别是上庄、下庄和后寺。民居依山而建，街巷就势而成，错落有致，是典型的北方山村。村落整体采用当地产石材建造，围墙、道路也使用了大量的石头，行走于村中，仿佛置身于石头的世界。

全村共 156 户人家，有 500 多位村民，他们世代与石砌房屋、院落、街巷和道路做伴，石头铺成的道路因村民常年行走而变得光滑，石头民居显得格外古朴，不少房子经历过唐山大地震而依然完好无损。

村庄因石而生，村民因石而居，乡亲因石而乐，村貌如画，民风淳朴，民俗专家冯骥才称为"石头村"。据粗略统计，现存石砌房屋约占全村现有建筑的 2/3，建造年代大多为清末民初，分布较为集中，环境、风貌大致保持着村落原有的形态，是天津市知名度较高、规模较大、传统风貌保留较完整的传统村落，具有重要的历史、文化和艺术价值。

第四章 | 黄淮海传统村落的典型案例

图 4-10　冯骥才的题字

图 4-11　西井峪村的民居

（二）六街村[①]

1. 区位

六街村地处京畿要冲，位于天津市西青区杨柳青镇中部，村民主要居住地为杨柳青镇中心大寺胡同两侧、乔家疙瘩一部分和靳家大场。东至五街村，南至运河南，西至七街村，北至杨柳青广场。大寺胡同两侧有很多大宅门，清代中期，六街已经是古镇杨柳青的繁华之地，如清代光绪初年建成的石家大院尊美堂、清末民初建成的安家大院等。2016年，六街村被列入第四批中国传统村落名录。

图 4-12
杨柳青古镇

---

① 本节大部分内容来自六街村村委会提供的《杨柳青六街村村志》。

2. 历史

六街村的原住居民，元代以前无考。明代永乐二年（1404），山西、山东移民充实北平，杨柳青镇及周边迁来者众多。永乐十八年（1420），明政府迁都北京，又有南方诸省移民随之北上，诸省移民中以安徽人氏居多。从清末至民国时期，迁入杨柳青镇的移民大多为山东人氏，也有周围乡村的村民移居镇内。

1949年前后，有多个姓氏的人迁至杨柳青镇六街村境内。1962年，由于经济困难，

图4-13 杨柳青古镇街景

从事工商业者回归农业，使六街村增加了多个姓氏。20世纪60年代，大寺胡同和运河南部为村民主要居住地，住宅多为土坯房，也有砖木结构的平房。同时人们逐渐把低矮土坯房改造为砖木结构的平房，改善了居住环境。六街村先后发放宅基地6块，分别位于杨柳青镇东部和运河南部。到了20世纪90年代末，杨柳青镇进行大规模的平房改造，拆迁了六街村的大部分平房，村民迁至镇内的各个新小区，住进现代化楼房，新建的村委会位于西青区杨柳青镇京福公路口铁道北。

3. 景观

从20世纪60年代开始，六街村就历经大规模的拆迁和改造。2000年，杨柳青镇进行平房改造，六街村全部动迁。改造后的大寺胡同拓宽，改名为青远路。目前六街村仅剩三处遗迹，分别是杨柳青博物馆（石家大院）、杨柳青古玩城（村委会旧址一部分）以及赶大营[①]博物馆（安家大院）。其中石家大院和安家大院造型精美，足以代表杨柳青大院文化的精华。

石家大院始建于1875年，是清末"八大家"之一石元士的旧宅，也是迄今为止华北地区保存较好、规模较大的晚清民宅建筑群。石家原籍山东，祖辈因漕运发家，清代乾隆年间定居杨柳青镇，于清代道光三年（1823）析产为福善堂、正廉堂、天锡堂、尊美堂四大门。

石家大院即现仅存的"尊美堂"宅第，有"华北第一宅""津西第一家"等美誉，是杨柳青大院文化和六街村村落景观的突出代表

---

① 赶大营：清末新疆出现的一种贸易方式，因跟随清军大营做肩挑生意，故名"赶大营"。

第四章 | 黄淮海传统村落的典型案例

图 4-14
石家大院门口

图 4-15
安家大院门口

之一。宅院坐北朝南，建筑结构独特，砖木石雕精美，大家风范十足，为中国古代典型的庭院式住宅。占地 6080 平方米，为典型的四合院形制，三落五进共 18 个院落，轴线明确，由东院、西院、跨院和边院组成，分别作为住宅院、厅堂院、书房私塾院和服务院，功能布局明确合理。

图 4-16
鸟瞰石家大院

图 4-17
石家大院门口近景

石家大院于 1992 年修复开放，被天津市政府列为省市级重点文物保护单位、青少年教育基地、爱国主义教育基地。2006 年，又被国务院列为全国重点文物保护单位，同年 10 月被国家旅游局（现文化和旅游部）批准为 AAAA 级旅游景区。现在，石家大院被西青区政府辟为杨柳青博物馆。

石家大院位于杨柳青镇南运河北岸，整体建筑是向院外大运河微微倾斜的，原因是大院的青石阶梯下其实有一个庞大的排水系统，

第四章 黄淮海传统村落的典型案例

图 4-18
石家大院内景（1）

图 4-19
石家大院内景（2）

在雨雪天气，大院的水顺着地下水道流向大运河，完全不会有积水的问题，据说这一技术当时是向故宫学习的。石家大院保存完好的石墙也是一个具有特殊功能的墙面，全部采用磨角砌成，严丝合缝，下方夹有排水层和吸碱层等，才使院墙至今保持均匀好看的纯灰色。另外，石家大院还利用巧思将雕刻精美的石板镶嵌在房顶之上，这在古建筑中是很少见的。

石府戏楼是我国留存最完好、规模最大的民宅封闭式戏楼，位

图 4-20 石府戏楼

于宅院中心，也是最高建筑。正北有穿山游廊院和佛堂院贯通相连，正南接南花厅院和客厅院，由戏楼及正南、正北四个院落构成石家大院主体建筑。戏楼正门上方有"厚德载福"匾额。

戏楼为砖木抬梁式框架结构，长33.3米，宽12.3米，最高处9米，立柱54根。前方戏台20平方米，台口6.5米，上方有"赏心乐事"的匾额。左右抱柱匾对联为"梓泽兰亭逢圣世，绽桃杨柳庆升平"。后台57平方米，

图 4-21
石府戏楼近景

供演员化装、休息，佛龛供奉梨园之祖唐玄宗李隆基。戏楼内共设120个座位，中间有官客席（男客人），后面台阶上设有堂客席（女客人）。戏楼的建筑结构整体设计巧妙，以冬暖、夏凉、音质好这"三绝"而享誉海内外。逢年过节，石府宴请客人都要把戏楼装饰一新，布置得灯火辉煌。京剧表演艺术家谭鑫培等名伶曾在这里登台献艺。

安家大院坐落于杨柳青镇六街村估衣街，与石家大院北门相对，也是六街村文化的杰出代表之一。安家人是在清代光绪年间靠"赶大营"发迹的，后来赶出了名堂，衣锦还乡后不仅在杨柳青镇广置房舍良田，还大办公益事业。大院始建于清代同治年间，是"赶大营"第一人安文忠的住宅。宅院坐北朝南，南为倒座房五间，东南角开宅门。门东是门房，门西南是接待宾客住房。东厢房和西厢房都是四梁八柱，外包青砖。正房五间，与南屋对应，地下有青砖砌筑的银库。前院东侧设门楼通向后院和西跨院。共

图 4-22
安家大院内景

三个院落，是北方的四合连套格局。2013年，安家大院被天津市人民政府列入第四批文物保护单位名单。

第三节
太行山区、海河平原的传统村落

一、分布规律与特征

河北省地貌类型多样，是我国唯一兼有高原、山地、丘陵、平原、湖泊和海滨的省份，大致分为坝上高原、燕山和太行山山地、海河平原[①]三大地貌单元。坝上高原海拔1200—1500米，占全省土地面积的8.5%。燕山和太行山山地海拔大多在2000米以下（有十几座海拔高于2000米的孤峰），占全省土地面积的48.1%。海河平原海拔大多在50米以下，占全省土地面积的43.4%。

河北的传统村落大多为明清时期所建，位于冀中平原、太行山区和燕山山脉地区，其成因、风格与江南地区的传统村落迥异，它们或是军事重地，或是商贸要冲，尽显北方地区的粗犷风格。

二、典型村落

（一）西古堡村

1. 区位

西古堡村位于河北省西北部、张家口市南端的蔚县，隶属于蔚县西部的历史文化名镇暖泉镇，处于该镇的西南角，南面为壶流河河畔的田地，西面临近大沙河的保障堤，北侧为暖泉西市。西古堡村西距河北与山西省界2千米，东距蔚县县城约20千米，是古蔚州"八百庄堡"中最独特、保存最完好的一座。1993年被河北省人民政府列为省重点文物保护单位，2003年8月被河北省文联、河北省民协评为河北民俗文化第一村，2006年6月被评为国家重点文物保护单位，2012年12月被列入第一批中国传统村落名录。

[①] 海河平原：华北平原的一部分，因海河流经而得名。该平原大部分在河北省境内，故又称"河北平原"。

图 4-23　西古堡村全貌

2. 历史

西古堡村是个杂姓村落，村民的祖先来自四面八方，俗称"寨堡"，属于民堡，即老百姓为了自卫而建的。始建于明代嘉靖年间，扩建、续建于明末清初。清代顺治年间，又在南、北城门外增建了两座瓮城。在西古堡村的历史上，富商董汝翠值得一提。董汝翠于明代万历二十年（1592）出生于蔚县南部山区，少年时父母双亡，流落到暖泉镇，被郭员外收留，后来成为郭家的倒插门女婿。凭着过人的商业才智，几年后就成为当地的富商，但他乐

图 4-24
西古堡村的董家大院

善好施,比如铺路修桥、修坝筑堤、赈灾修庙等,备受人们的称赞。后文中的苍竹轩是他为岳父、岳母修建的,村里的地藏寺也是他捐资修建的。清代刑部尚书魏象枢在《寒松堂全集》中赞曰:"余闻暖泉董君承宇,质朴长者也。乐善不倦,好礼不奢,积能散,安能迁,其有邹先生之行哉。"

3. 景观

西古堡村集古堡、戏楼、寺院、宅院于一体,既具有防御功能,又是村民生活的聚落。

图 4-25
西古堡村的瓮城近景

图 4-26
西古堡村的瓮城远景

　　瓮城是古代重要的城堡防护建筑，西古堡村的瓮城城门与大城门呈90度的夹角，门小而厚，朝东开，而过去敌人一般是从西部雁北高原攻入，所以瓮城有一定的干扰和防御作用，是冷兵器时代人们的军事防御智慧的体现。

　　但是清代蔚县"二百余年风鹤无警，驿马不惊"，南北瓮城就成了庙宇集聚地。西古堡村的宗教建筑与民居建筑分布颇为有趣：村民居住在城堡之内，众神灵则在瓮城，庇护着城堡中的众

图 4-27
西古堡村的戏台

图 4-28
西古堡村的
地藏殿和钟鼓楼

生。南瓮城内除了 6 座庙宇之外，还有戏台 1 座、钟楼两座、鼓楼两座以及僧舍数间。神灵们又分成两组：供奉阴曹地府冥界神灵的庙宇——地藏殿、鬼王殿、十阎君殿，位于瓮城西北部的两层四合院，上为庙宇，下为窑洞；对乡民友善、亲近的神灵则供奉在观音殿、三义殿和马王庙，坐落于瓮城东北部的三合院。

西古堡村的北瓮城原先也有庙宇，如九天阁、钟鼓楼、真武庙等，现在只有城堡北门、北城楼（灵侯庙）、瓮城围墙及瓮城东门。

图 4-29　西古堡村的民居

瓮城东门上原有供梓潼帝君的"梓潼庙",梓潼帝君就是主管文运功名的文昌君。瓮城东门外还有五道庙,供奉掌管道路的"五大爷",总管阳间、阴间的道路,所以过去送死者"上路"要到五道庙烧纸钱。西古堡村村民至今还有"丧事走北门,喜事走南门"的习俗。[1]

西古堡村现存古式民居院落约 180 所,形式有四合院、九连环院等,大多为砖木结构,以青条石为基石,白灰砌筑,屋顶起脊,覆盖

---

[1] 罗德胤. 西古堡[J]. 小城镇建设,2003(11):48-51.

青瓦并安设吻兽，不少房屋上有美丽精细的砖雕、木刻和古朴典雅的油饰彩绘。比较有名的建筑是张家大院、郭家大院、董家大院、楼房院、苍竹轩。

（二）南腰山村

1. 区位

南腰山村位于河北省保定市顺平县腰山镇东北部，距县城 10 千米，为腰山镇的镇政府所在地。该村北边是北腰山村，西北是西腰山村。腰山镇东距保定 20 千米，西距顺平县城 10 千米，保阜高速、保阜公路穿境而过，从京、津方向沿保定至顺平的公路西行 25 千米即可到达腰山镇。2013 年，南腰山村被列入第二批中国传统村落名录。

2. 历史

腰山距离传说中的尧帝诞生地伊祁山 20 千米，"腰山"的名称系尧帝登高望远之尧山误传。明代洪武年间，山西省洪洞县大批移民来到这里垦荒种地、盖舍织布，渐渐成为村庄，即"腰山村"，后又按方位分为南腰山、西腰山、北腰山 3 个村子。南腰山村最出名的莫过于王氏庄园。清代顺治四年（1647），正黄旗武官王锡衮解甲归田，受封于南腰山村。最初以务农为主，兼营商业，后转为专营商业，随即大兴土木，建造住宅，后人称为"腰山王氏庄园"。

3. 景观

腰山王氏庄园以四合院为基础，兼具王府的气派，是集北方民

图 4-30　王氏庄园

居、官宅为一体的城堡式府邸宅院，有"皇家建筑看故宫，民间建筑看腰山（王家）"之说，距今已有近 400 年的历史。2001 年 6 月被列为全国重点文物保护单位，2004 年被河北省旅游局评定为 AAA 级旅游景区。

庄园北部是山，东、西两侧各有一条河流，河水沿庄园的护庄沟环绕一圈。庄园占地 279 亩，原有 50 多套宅院、500 余间房屋。主要建筑呈四方形，坐北朝南在一条直线上，从北至南依次是北园、中园、南园、场院，内有东西两排四合院，各院落之间前后贯通、左右相连。

图 4-31
王氏庄园内景（1）

图 4-32
王氏庄园内景（2）

　　北园、中园为腰山王氏家族的住宅区。南园是一个戒备森严、防范功能齐全的宅院，称"将军府"，据说是多尔衮拨付国库巨银，密使王锡衮兴建的京外行宫（庄园中有不少逾制之处，不符合民间普通宅院的建筑法则）。场院是腰山王氏家族的车马、农具院和仓房、收租院。

　　庄园建筑以灰色调为主，砖雕、石雕和木雕精美是庄园建筑的一大特色，内容以福、禄、寿为主题，寓意吉祥。建筑技巧高超，比如仁和堂正门对面的大照壁长约 9 米，全部采用磨砖对缝工艺，

图 4-33
王氏庄园内景（3）

磨砖要求外大里小，里面抹灰，外面严丝合缝，为了粘结牢固，还在白灰膏里加入了鸡蛋清和糯米汁。整个建筑气势恢宏而又古朴大方，既有王府气派的高贵、清雅，又有北方民居的浑朴、粗犷，房屋的建制、装饰等很明显地体现了封建社会大家族的礼教习俗。

（三）于家村

1. 区位

于家村位于河北省石家庄市井陉县的中西部，距离县城15千米，坐落于太行山麓一个群山环抱、面积较小的山间盆地中，负阴抱阳，背山面水，村里人把四周的山分别称为东岭、西垴、南坡、北寨，道路都在山脚下，不到村口就看不见村。1998年被河北省民俗学会命名为"于家石头民俗村"，2001年被评为河北省级文物保护单位，2012年被列入第一批中国传统村落名录。

2. 历史

于家村建于明代成化年间，截至 2017 年 1 月，于家村有 420 户人家，石头民居 4000 多间，1304 口人，95% 以上的村民都姓于，是于谦的直系后裔。于谦，字廷益，明代浙江钱塘人，永乐进士。正统十四年（1449）土木之变后，于谦从兵部左侍郎升为兵部尚书，拥立景帝。景泰八年（1457），英宗发动夺门之变，夺回帝位，于谦被杀，葬于杭州。据说于谦遇害后，其子逃往井陉县南峪村躲避，后生有三个儿子。成化年间，于谦的长孙于有道迁入于家村定居。在随后的日子里，于氏族人依靠勤劳的双手，开山凿石，垒房造屋，逐渐建成了布局合理、街巷有序、工艺考究、独具山区特色的村落。

3. 景观

于家村占地面积不大，东西长 500 多米，南北宽 300 多米，道路却井然有序，东西向道路为街，南北向道路为巷，不通的小路为

图 4-34
于家村概貌

图 4-35
于氏宗祠

胡同,共六街七巷十八胡同,皆用石头铺就,历经数年的风吹雨打之后,路上不少石头锃光瓦亮。村中随处可见石房石院、石街石巷、石桥石栏、石碑石碣等,是名副其实的石头村。

村内有 300 多座四合院,大多坐北朝南,正房一般修建在石头垒砌而成的台阶上,院落布局等各种设置均遵循着一定的规矩,但又各具特色,大致可分为石墙瓦房、石券窑洞和瓦房窑洞混建等形式。明清时期的瓦房有近千间,青石垒墙,灰瓦覆顶。特有建筑石

图 4-36
于家村的四合院

券窑洞的墙宽 1 米左右，用加工过的石头垒砌而成，顶厚 1 米多，以天然石拱券，左拱右券、墙宽顶厚、坚固耐用、冬暖夏凉。除了瓦房和窑洞外，还有一种俗称"无梁殿"的建筑，主体为石券窑洞，房顶或前檐扣瓦，里看是窑洞，外看是瓦房。

清凉阁是于家村的标志性建筑之一，又称"神仙阁"，为三层楼阁式建筑。据《井陉县志》记载和村里人介绍，此阁始建于明代万历九年（1581），力大无比的于氏族人于喜春独自一人用 16 年时间修筑了两层，第三层由村民共建，已有 400 多年的历史。清凉阁的下两层为全石结构，上层是砖木结构，形状与北京前门箭楼相似，明柱回廊、五脊六兽、斗拱重檐，建筑风格独特。虽是一阁，却供奉着多座神像，西面是观音祠，东面是三皇庙，南面是三义堂，北面是阎王殿，上层是玉皇顶。拱券中央顶部有于喜春的侄儿于朝兴雕刻的碑文："万历九年起根源，一人修筑其实难。二十五

图 4-37
于家村的清凉阁

图 4-38
于家村清凉阁近景

年完下节,思量何日得周全。阖村都说使木植,凭吾独力凿石山。经营暂停观此境,等待功成万古传。"清凉阁的特别之处在于:一是直接建在一块大石头上,没有根基;二是阁的底层用石头砌成,没有用辅料连接;三是建造所用的石块中竟有重达几吨的,有的一石即为一柱,有的一石即为一墙,叹为观止。

四合楼院是于家村有名的四合院,始建于明代末期,坐北朝南,建筑面积近千平方米。现存四合楼院被分为东、西两个院落,住有九户人家。于家村的四合院一般包括正房、厢房、倒座、大门、水窖等，这座四合楼院属于无梁殿型，整个庭院三面皆由两层无梁殿围合，倒座是单层无梁殿上加建阁楼。两院正房下层均为石券洞室，九间无梁殿，高大典雅。从院内登 21 级露天台阶，可到正房的二层"客位"，也就是宴请宾客之处。二层房间无间隔，房内梁柱粗大，中间门阔两米多，左右设两根明柱，中间安装着花榥木门四扇，门口两侧筑有高约 50 厘米的矮墙，矮墙上安装着木质花榥窗扇。①

除了清凉阁、四合楼院之外，于家村还有观音阁、于有道窑洞、真武庙、大王庙和古戏楼等景点。

图 4-39
于家村的观音阁

---

① 刘丽，刘华领，王军. 深山瑰宝：于家村石头四合院 [J]. 小城镇建设，2005（3）：66-68.

(四)王硇村

1. 区位

王硇村位于河北省邢台市沙河市柴关乡，地处太行山东麓，东距沙河市区45千米，距离柴关乡政府4千米。村落群山环抱，南边是红枫山，西边是笔架山（山形类似放笔的架子），东边是官印山（山形类似官印）。2013年，王硇村被列入第二批中国传统村落名录。另外，还被评为河北省历史文化名村、河北省风景名胜区、中国最具魅力休闲乡村、中国历史文化名村等。

图4-40　远眺王硇村

2. 历史

王硇村始建于明代。据《沙河地名志》记载："王硇，是以地形兼姓氏而命名的。明嘉靖元年（1522），王姓几家自山西省洪洞县迁此开荒种地，置产立庄。因村庄坐落在高山石硇上，姓氏中纯属王姓，故取村名为'王硇'。"

另外还有一个传说：四川人王德才原为明代武探花，官居五品镇京总兵，奉命为皇帝押运贡品时，被邯郸南部响马抢劫，因害怕官府追查，灭九族，遂带领家人躲到此村定居下来，至今已600多年的历史。

抗日战争时期，王硇村是沙河县抗日县政府、沙河县独立营、抗日高级小学校所在地，革命领导人朱德、刘伯承、邓小平、李德生、杨秀峰等多次在该村居住。村中不少人参加了抗日战争、解放战争，有名有姓的烈士14人，现存立功牌匾四五块。

图 4-41
抗日县政府

3. 景观

王砚村自然风景秀丽，特别是南边的红枫山上长满了枫树，秋季漫山红遍，层林尽染，美不胜收。此外，还有金牛洞、白云洞、桃花洞、无底洞、举官山、官印山等自然景观。

村中一座座石楼依山就势，错落有致。丹霞石垒砌的石楼墙体高耸笔直，齐整壮观。蓝瓦覆顶，四角和楼脊龙头鸱吻张牙露齿，威武壮丽。院落中通常栽种着苹果树，寓意平平安安。许多院落在东南方向都错位，形成东南缺角，俗称"有钱难买东南缺"。

王砚村现有大小石楼 100 多座，房屋 2000 多间，建筑面积 70000 多平方米，占全村总面积的 2/3 以上。全村院落按照平面布局可分为四合院型、三合院型、套院型。村里的石楼民居古朴典雅，多为干石垒墙、白灰勾缝、青砖出檐、蓝瓦覆顶。建筑材料选用当地质地坚硬的丹霞岩石，每块石头重量为 0.25—6 吨。楼高 10—20 米不等，墙厚 0.8—1.2 米。建内墙时，先用麦秸和泥抹光，再粉刷。

图 4-42
王砚村村中建筑

在主楼与配房之间，大多有风道或建有厨房。村中有多处碾棚，方便村民就近加工米面，也有些人家家中自有石磨。

村中石楼群防御性能极好：主楼两侧单层配房沿街的房檐上，垒砌了两米来高的石头围墙，墙上铺以石板，平时可以在上面晾晒物品，遇有匪患，可居高临下，双向夹击，打击敌人；道路弯弯曲曲、高低起伏，也是为了利用地势，与来犯者周旋，打击进犯者；在街巷相交处，石楼上都有耳房，能随时观察外面的情况；石楼看起来自成院落，其实是连通的，村民可以相互配合，互相支援；为了抵御兵匪和寒冷，石楼门窗普遍窄小，再加上厚实的木门，进可攻，退可守；粮食和一般物品放在石楼，细软及贵重物品则存放于院中的秘密地窖里。王硇村历经洪水、地震等自然灾害，以及兵灾匪患的侵扰，走过了几百个春夏秋冬，整个村子就像一座攻防兼备的堡垒。

（五）王金庄村

1. 区位

王金庄村位于河北省邯郸市涉县井店镇东南，距县城约 20 千米，地处太行山东麓。井店至关防公路穿村而过，东与拐里村、曹家安村接壤，西与石井沟村、玉林井村相连，南与西坡村、张家庄毗邻，北与银河井、曹家庄村、王庄村相望。2008 年被河北省评为历史文化名村，2012 年被列入第一批中国传统村落名录。2014 年，河北涉县旱作梯田系统被农业部列为中国重要农业文化遗产，王金庄村是遗产地的核心保护区域。

2. 历史

王金庄村何时建成，现在暂时没有翔实史料可以证明，但据《涉县志》记载，公元前514年，邯郸被秦兵包围，晋国卿赵鞅为保实力，率兵转到晋阳。到涉县后，看到王金庄一带山高路险，进可攻，退可守，故在此屯兵蓄锐。后赵鞅率兵从王金庄昼夜激进，一举将邯郸夺回，为建立赵国打下了基础。王金庄村东南的康岩寨，村北的曹家寨，村后的李家寨、刘家寨，专家认为是赵鞅屯兵时所建的烽火台，所以2000多年以前便有人在此地居住。

3. 景观

王金庄村的梯田是河北涉县旱作梯田系统的典型代表。

梯田是人类适应自然、利用自然、与自然和谐相处的农业遗产，一般是由于地理条件的恶劣，贫瘠的山村农民迫不得已只能在顺坡处垦田种地。南宋范成大在其所著的《骖鸾录》中，最早提及江西袁州（今江西宜春）"岭阪上皆禾田，层层而上至顶，名'梯田'"。

王金庄村附近的梯田修建历史可以追溯到元代至元十二年（1275），当时战乱频繁，推动了屯兵建寨，涉县农业也向更边远的山区发展，石堰梯田开始出现并发展，先后经历了元末明初的开发、清代中后期的大发展、1949年前后至"农业学大寨"的提质增速时期以及现在乡村城镇化带来的发展时期等四个阶段。

王金庄村村民与太行山和谐共处，不仅垒砌了石堰梯田，还靠山吃山、就地取材，建了石房、石院、石楼、石阁、石阶、石栏、石门、石窗、石桌、石凳、石碾、石磨、石街、石巷，形成了独特的村落风貌。村中石屋大多为二层建筑，一般底层住人，二楼楼层不高，通风良好，用来存储粮食。

图 4-43　王金庄村的梯田

（六）原曲村

1. 区位

原曲村位于河北省邯郸市涉县固新镇西北清漳河畔，在涉县东南十二千米处，北距309国道十千米，南距河南林州三十千米，东距河北磁县三十三千米，西距山西十几千米。清漳河沿村弯流而过，村周围环绕着像十二属相的象形山，村貌轮廓酷似鱼。2016年被列入第四批中国传统村落名录。

2. 历史

据村中明代隆庆五年（1571）重修佛堂

碑志记载："论园（原）曲佛堂在乡之中为善之迹也，其创建莫知何时，惟石塔建于大唐同光（后唐庄宗李存勖）二载，佛堂之建疑始于此。宋、元以来罔闻废置，国朝宣德七年重修……正德七年重修……"由此可知，后唐时就有该村，始居姓氏难以确考。据传，吴、邢、秦等姓的人来此地较早。[①] 原曲村秦氏家族人口众多，已传28世。

3. 景观

原曲村现存5道古券，为明清时期的古建筑，仿佛5座城门，券上有寺庙、楼阁。村北的真武阁是其中最华丽的一座，始建于明代正德十五年（1520），占地面积约130平方米，整个券身为石砌结构，券洞宽3米，券上有殿，殿顶为琉璃瓦顶，四面挑檐。

真武阁旁边的马寅庙院中有一个圆形石槽碾，由8段长1.5米的弧形石槽连接成圆形，直径约6米。圆形碛盘直径1.6米，厚0.3米，可碾米、磨面，还可压油等。

村内有两处驸马府，分别位于村西老君堂山脚下小碾巷口和村北头马寅庙外上滩巷内。据传原曲村驸马秦景，貌俊美、脸黑紫、力气大，人称"黑虎龙腾大个子"，曾与人到京城贩卖花椒，被招为驸马，虽与公主恩爱有加，终因不谙宫内规矩，又返回原曲村定居。

小碾巷口的驸马府坐北朝南，为"三脊两院"式土木、青砖、灰瓦混合建筑，占地面积约350平方米。再建驸马府在原曲村玉皇券和真武阁之间，依山傍水，占地面积约1500平方米，建筑布局为"三脊两院四甩袖"——三脊两院的四角增建了4个四合小院。

---

① 涉县地名办公室. 涉县地名志[M].[出版地不详]：[出版者不详]，1984.

图 4-44 原曲村

村北青头山山腰"卧云"之巅有座清泉寺，始建于汉代，起初名为累通寺，唐代名为净化寺，梁宋时期名为清碧寺。由于寺前有"甘露""玉液"二泉，明清时期改名为"清泉寺"。清泉寺坐北朝南，建筑风格古朴雄伟，为涉县古八景之一，1982年被列为河北省重点文物保护单位。寺院原有房屋建筑86间，建筑面积2326.23平方米，正院有雷音殿、毗卢殿（罗汉殿）、大雄殿、天王殿，还有东西配殿（藏经殿、伽蓝殿）、仙境台、没梁阁、月牙井、石柱、八角莲池，前有山门，四周有围墙、钟鼓楼等。[1]

---

[1] 董源. 河北十大最美古村镇之涉县原曲村（组图）[EB/OL].（2016-09-20）[2019-04-06]. http://handan.hebnews.cn/2016-09/20/content_5858612.htm.

第四节
大汶河、鲁中山区、胶东半岛的传统村落

一、分布规律与特征

大汶河，亦称"汶水"，发源于山东省淄博市沂源县，全长209千米，向西注入东平湖，是黄河下游的支流之一，流域总面积为8633平方千米。因大汶河水向西流，也被称为"倒流河"。

山东，简称"鲁"，西部为黄河下游冲积平原，京杭运河纵贯南北；中部泰、鲁、沂、蒙山区一般海拔在200—1000米，为大汶河、泗河、沂河、沭河、小清河等河流的发源地，最高山泰山主峰海拔1532.7米；东部山东半岛（胶莱河以东称"胶东半岛"）丘陵起伏，海岸曲折，多港湾。境内主要山脉集中分布于鲁中南、胶东，主要河流除黄河横贯东西、大运河纵穿南北以外，其他中小河流密布，主要湖泊有南四湖、东平湖、白云湖、青沙湖、麻大湖等。

山东的历史文化底蕴深厚，"海岱文化区"便是学者对山东大部分地区和江苏淮北地区的史前文化有了一定认识后提出的。[1] 具体而言，海岱文化区以泰沂山脉为中心，大汶口文化是其代表。

1959年首次发现于山东大汶河南岸宁阳县堡头村，遗址位于堡头村西和泰安大汶口一带的大汶口文化（前4500年—前2500年）是中国新石器时代的一种文化。大汶口文化的发现，使黄河下游原始文化的历史由4000多年前的龙山文化向前推进了2000多年。根

---

[1] 吴汝祚.海岱文化区的史前农业[J].农业考古，1985（1）：103-109.

据考古发现，在大汶口文化晚期，聚落群已普遍出现，有了许多大、中、小型聚落群。①

二、典型村落

（一）朱家峪村

1. 区位

朱家峪村位于山东省济南市章丘区官庄街道，距章丘区中心5千米，距济南约45千米。处于鲁中山地、丘陵地带和华北平原的过渡地带，胡山东北角下，三面环山，北面是平原，通往外界的主通道也在北面。朱家峪村2002年被章丘市（现章丘区）人民政府评为历史文化名村，2003年被山东省建设厅评为省历史文化名村，2012年被列入第一批中国传统村落名录。

2. 历史

朱家峪，原名城角峪，后改称为富山峪。据专家考证，夏朝时，朱家峪村所在地已经具备了村落的形态，并在这里发现了夏朝的古村遗址。② 明代洪武四年（1371），朱氏家族先祖朱良胜从河北省枣强县迁居此地，因"朱"是当时的国姓，于是改名为朱家峪。因此，朱家峪村已有600多年的历史了。

---

① 张清俐. 海岱文化区是中国古代文明形成和早期发展重要一极[EB/OL].（2015-04-17）[2019-04-06]. http://ex.cssn.cn/djch/djch_djchhg/hddddiq/201504/t20150417_1590525.shtml.
② 尹怀玉. 古村落的保护与发展问题研究：以朱家峪村为例[D]. 济南：山东大学，2010.

图 4-45
朱家峪

3. 景观

从明代至今，朱家峪村虽历经 600 多年的风风雨雨，现在依然保存着原来的建筑格局和风貌。村落整体呈梯形，村内建筑依山而建、就地取材，掩映在山坡和树木间，有古宅、古桥、古祠、古庙、古泉、古道等多种景观，被誉为"齐鲁第一古村，江北聚落标本"。

康熙立交桥在朱家峪村南部，有东、西两座。东桥建于康熙九年（1670），西桥建于康熙二十七年（1688），距今 300 多年，两座立交古桥相距十余米，桥不太高，但上下均可行车、走人，雨季时桥下还可泄洪。桥身全用小块青石叠砌而成，虽历经沧桑，依然牢固如初，被专家誉为"现代立交桥的雏形"。

文昌阁在朱家峪村北部，建于清代道光十八年（1838），为两层建筑，下筑阁洞，上建阁楼，楼洞一体。北面洞门有"文昌阁"三个大字，阁檐下有"学宫仰止"四个大字，廊柱有楹联"文阁览胜广聚日月之精华，慧眼识英大开天地之文章"。文昌阁坐北向南，为廊柱庙宇式建筑，全部用大块青色方石垒砌而成，至今保存完好。

山阴小学建于 1944 年，校门仿照的是当时黄埔军校的校门，

图 4-46
朱家峪村的文昌阁

图 4-47
朱家峪村的山阴小学

为四进院落，占地 6.6 亩。据校门外碑志记载："自古以来，朱家峪十分重视文化教育。章丘教育先师朱连厚（字敦夫）竭力敦促章丘县军需处长朱连勋积极筹措资金，由山里五庄庄长成立建校董事会，于一九四一年动工，竣工于一九四四年（民国三十三年）九月。张子源任校长。建校以来，桃李满天下，学子四海游。"[1]

---

[1] 高梅. 齐鲁地域建筑文化的继承与发展：章丘市（区）朱家峪聚落乡土建筑研究[D]. 西安：西安建筑科技大学，2008.

朱氏家祠位于旧村北首东侧，创建于清代光绪八年（1882），复修于民国二十六年（1937）。祠门上方有一颗"七星"，传说南宋理学家朱熹出世时，脸部有七颗黑点，似北斗星，朱氏家祠的"七星"旨在激励后人刻苦读书。祠堂共分为里外两个院落，堂前院现有高大的百年桧柏一棵，生长状态依然良好。过去每年正月初一早晨，朱氏族人聚集在祠堂祭祖，以表敬重之情，激励家族后人不断努力进取。

女子学堂是1932年由朱连绂、朱连弟等人创办，"提倡女子教育，推动社会进化"，当时设一个班，有学生20余人，孙吉祥（女）为教书先生，主要课程有国文、算术、修身等，是中国农村较早的女子学堂。

图 4-48
朱家峪村的朱氏家祠

（二）山西街村

1. 区位

山西街村位于山东省泰安市岱岳区大汶口镇东，北望泰山，南临大汶河，地处山东省"一山一水一圣人"黄金旅游线上，距泰安市 30 多千米，闻名遐迩的大汶口文化就发源于此。

2. 历史

山西街村的形成与变迁，与汶河古渡、车马古道、明石桥有着密切联系。古代交通多依靠水路，大汶河作为连接汶水两岸的古渡口，人员来往、商贸物流频繁，并在现山西街村所在地附近聚集，遂形成最初的村落。明代隆庆年间，大汶河上的明石桥建成后，便利的交通促进了山西街村的繁荣，经水路来的粮、盐等由此转陆运，商户在此聚集，清末达到发展鼎盛时期。来此经商的山西人也越来越多，据修山西会馆碑文记载，乾隆二十四年（1759）山西商人修建山西会馆，当时是用来招待客商的驿站，后来附近的商户越来越多，形成了两条南北大街，才定名为山西街。

3. 景观

山西街村保存较好的古建筑是山西会馆、明石桥和一些古楼。

山西会馆坐落于大汶河北岸，为山东省省级文物保护单位。建筑布局坐西朝东，分为南、北两个院落，北为关帝庙，南为戏楼院，占地面积约 2283 平方米。据修山西会馆碑文记载，该馆是清乾隆二十四年在关帝庙的基础上扩建而成的，因修庙、建戏楼全由山西商人出资，建成后作为山西人聚会和接待过往山西官员、商贾、老乡之地，所以定名为"山西会馆"。

明石桥为漫水桥，以石为桥基，以石板为桥面，北起大汶口镇西南门，南至宁阳县磁窑镇茶棚村，现存石桥长200多米。明石桥建成后多次重修，清代雍正八年（1730）被大水冲毁，攻石起家的粥店人姜桂松捐资修复，所以人们把这座桥称为"姜公桥"。1773年、1939年、2004年，人们分别对其进行了大整修，恢复旧貌。这座桥现在是全国重点文物保护单位。

山西街村以山西街为界线，分为南、北两部分，村中道路为手工打磨的石板铺就，老建筑随处可见。现存4处古楼，建筑风格独特，墙体厚约1米，楼板是用木板铺成的，小瓦覆盖顶部，冬暖夏凉，能正常使用的有侯家古楼、王家古楼。

图 4-49
明石桥

第五章

Chinese Traditional Villages

中国传统村落文化抢救与研究
文化区系列

黄淮海传统村落的保护与旅游活化

第一节
黄淮海传统村落的保护[①]

传统村落文化既包括有形的物质文化的固态存在，又包括非物质文化的活态传承[②]。历经社会与时代的发展，传统村落不仅记录着民族的起伏兴衰，而且能够反映一定历史时空的社会物质文化与精神文化的发展状况，承载着珍贵的历史记忆、民族及地域文化信息。因此，传统村落在现代社会的生存与发展，是中华民族传统文化持久与生命力旺盛的体现。但是随着工业与科技时代的到来，数千年农业社会的基本单位——村落命运突变，尤其是20世纪80年代以来，城镇化快速发展，传统村落的数量急剧下降。根据住房城乡建设部2013年发布的数据，我国只有12000个传统村落，仅占行政村的1.9%和自然村的0.5%，保护价值较高的传统村落已不到5000个。[③]

黄淮海地区城镇化正在深入推进，因此传统村落保护情况更为严峻。以传统村落保护情况较好的北京为例，在北京郊区3938个行政村中，根据《传统村落评价认定指标体系（试行）》，目前符合

[①] 鉴于黄淮海地区范围较大，而传统村落的保护涉及领域较多，本节主要以黄淮海传统村落保护情况较好的北京为例来进行具体分析，还参考了本书作者邢慧斌教授为《北京旅游发展报告（2016）》撰写的有关传统村落的文章《北京京郊传统村落旅游创新发展模式研究》。
[②] 胡彬彬，李向军，王晓波. 中国传统村落保护调查报告：2017[M]. 北京：社会科学文献出版社，2017.
[③] 陆娅楠. 我国传统村落比例不到2%，将建立濒危警示制度[N]. 人民日报，2013-10-18.

或基本符合条件的仅剩 52 个，只占全市行政村总数的 1.3%。[1]北京 52 个传统村落，村内建筑仍然保持传统风貌的不足 20 个，甚至有的村落 80% 的传统建筑都已经不存在了。[2]这些传统村落均分布在北京的西部和北部等比较边缘的地方，首都惠民便民政策、辐射带动作用难以惠及这些地区，令人担忧的是，这些村落的原始原貌目前还在逐渐消退，许多新建筑与传统式样格格不入。

一、黄淮海传统村落的保护现状

近年来，随着社会各界对传统村落的关注，以及在各界人士的努力下，传统村落的保护工作取得了一定进展。

（一）建立了传统村落保护工作的长效机制

中国传统村落保护工作以 2003 年"中国历史文化名村"的评选工作为开端，至今已有十几年。在这十几年中，通过建立有效的保护机制，实施多种保护举措，大批古建筑得到及时修复和长效保护，有效减缓了传统村落的消亡速度，保护工作取得了不俗的成绩。2005 年 12 月，国务院发布《关于加强文化遗产保护的通知》，并制定了"国家＋省＋市＋县"4 级保护体系。2012 年 12 月，住房城乡建设部、文化部、财政部联合印发了《关于加强传统村落保护发展

---

[1] 孙颖. 北京传统村落仅剩 52 个，保护措施或纳入城市规划 [N]. 北京晚报，2014-12-30.
[2] 邓琦，郭超. 传统村落将有"个性化"保护方案 [N]. 新京报，2015-05-22.

工作的指导意见》，要求加强对传统村落的保护、传承和利用；同年12月17日，公布了第一批中国传统村落名录，这意味着中国传统村落保护工作上升至国家文化战略层面；至2016年12月，共公布了4批中国传统村落名录，4153个传统村落被列入名录，其中黄淮海地区先后有308个村落被列入中国传统村落名录。黄淮海地区各省市文化厅、文物局等相关部门联合组织关于省级传统村落的评选，以达到保护更多传统村落的目的。例如，2018年北京市人民政府办公厅公布了《关于加强传统村落保护发展的指导意见》，明确提出要"一村一档"组织编制传统村落档案，编纂传统村落志，统一设置传统村落保护标志，实行挂牌保护。同时，财政部选取部分传统村落进行资金补助，用于传统村落的保护和发展等。例如，北京市门头沟区王平镇东石古岩村被列入2018年第一批中央财政支持范围。目前北京郊区已有24个村落被列入北京市旅游开发计划[①]，其中16个村落是国家确定的中国传统村落，5个是中国历史文化名村[②]，其余传统村落的保护工作也正在有序推进。2015年，北京市旅游发展委员会就已经开始对城郊村落开展系统的旅游开发和保护利用工作。

（二）制定了传统村落保护的相关法律法规

早在1982年，经全国人大常委会通过并实施的《中华人民共和国文物保护法》，就将传统村落作为不可移动文物纳入法律保护

---

① 董鑫.本市24个传统村落列入旅游开发计划[N].北京青年报，2015-11-12.
② 北京市规划委员会.关于北京历史文化名城保护条例贯彻实施情况的报告[EB/OL].（2015-10-15）[2019-04-06].http://www.bjrd.gov.cn/zdgz/zyfb/bg/201510/t20151015_154305.html.

范围。2002年修订的《文物保护法》和2007年颁布的《中华人民共和国城乡规划法》进一步确立了历史文化名村保护制度。2008年，国务院颁布了《历史文化名城名镇名村保护条例》，这意味着中国对传统村落的保护工作又上了一个新的台阶。此外，中国地方政府制定关于传统村落保护法律的工作始于20世纪90年代。据初步统计，目前全国已有26个省级行政区（不含港澳台）出台了相关地方性法律法规（含草稿及征集意见稿），对传统村落的保护，从国家到地方形成了有效互动。

为了有效协调发展与保护的关系，黄淮海地区的地方政府也出台了相关的法律法规。以北京为例，北京市旅游发展委员会于2015年编制完成了房山区水峪村和密云区吉家营村传统村落保护利用和旅游开发实施方案，并在总结经验的基础上，2016年组织编制其余22个重点传统村落的旅游开发建议书，以推进京郊传统村落旅游开发与保护工作。北京市旅游发展委员会组织专业队伍对24个重点传统村落的传统院落留存情况、村落改造情况、村民经济状况、民俗民风情况、投资发展需求、旅游发展现状、旅游发展意愿等情况进行全面调研，系统建立了基础数据台账。这为京郊传统村落的旅游发展提供了充分的资料基础。同时为进一步发挥旅游产业发展引导资金的带动和引导作用，北京市旅游发展委员会专门将传统村落项目列入2016年旅游产业项目征集范围，重点扶持这24个传统村落的旅游规划、旅游宣传、旅游咨询站、旅游厕所、旅游无线网等项目的建设以及村落管理人员的培训。[①]

[①] 宋宇.传统村落保护开发恰逢其时[N].中国旅游报，2015-11-20.

（三）形成了政府主导、社会各界积极参与的保护模式

从 20 世纪末开始，中国已经有不少专家学者不断采取各种方式呼吁保护中国传统村落，如胡彬彬、冯骥才、乌丙安、潘鲁生等；部分学者和单位以理论结合实践的方式积极探索保护传统村落的有效途径，如由胡彬彬创办的中国村落文化研究中心，自 2008 年以来，不定期组织田野考察小组对中国传统村落开展田野调查，采集了大量一手数据与资料，同时召集不同学科背景的专业人才对传统村落文化进行多学科的交叉研究。此外，对传统村落的保护也离不开传统村落居民的积极参与。随着传统村落保护工作的开展，不少居民的保护意识也逐渐提高，积极参与相关保护工作。值得一提的是，传统村落居民中的现代乡贤在传统村落保护工作中发挥了重要的作用。这些现代乡贤知识广博、视野开阔，且久居村落之中，比较了解居住村落的状况，能够适当结合村中具体情况，利用掌握的相关资源参与家乡建设。整体而言，中国关于传统村落的保护已经基本形成政府主导、社会各界积极参与的"上令下行、合力保护"的局面。

保护问题一直是黄淮海传统村落旅游发展首先要考虑的问题。北京在推进传统村落乡村旅游的同时，重视传统村落和建筑的保护与修缮。目前北京已经成立了保护专家委员会，准备制定北京市传统建筑的修缮指南，还启动了传统村落保护与利用工程，颁布了《北京市传统村落修缮技术指导意见》《北京市传统村落保护规划设计指南》《关于加强传统村落保护发展的指导意见》等村落保护的相关文件。这从法律上保障了京郊传统村落旅游发展的旅游资源和旅游吸引力的可持续性。北京市文物局已经对包括水峪村在内的 5 处传统村落启动了修缮和保护规划，并将逐渐扩展到所有京郊传统村

落。北京市农村工作委员会联合相关部门和各区县推动传统村落的规划编制和档案建立工作,实现"一村一规划,一村一档",以保护历史文化遗产,避免乡村旅游无序开发。

虽然近年来,黄淮海地区的社会各界对传统村落保护的关注度在不断提高,但是传统村落的保护现状仍不容乐观。在京津冀协同发展不断推进、城镇化快速发展的背景下,传统村落文化保护情况将更为严峻。具体来看,黄淮海传统村落保护主要存在以下 6 个问题:一是村落的自然衰败和损毁现象严重;二是曲解新农村建设、过度商业开发,加速了传统村落的衰落;三是不合理的旅游开发导致传统村落环境承载力达到极限,环境破坏现象严重;四是城市化、城镇化导致"空心村"日益严重;五是现有法律、法规对传统村落保护存在不足;六是村民改善居住条件与传统村落保护之间的矛盾突出。因此,黄淮海传统村落的保护工作任重而道远。

二、黄淮海传统村落的保护路径

(一)建立健全法律法规,使传统村落保护有法可依

从全国层面来看,应尽快由国务院主持,住房城乡建设部、农业农村部、自然资源部、文化和旅游部等与传统村落保护、发展相关的部门皆参与其中,根据实际保护工作中遇到的问题,尽快制定出一部针对中国传统村落及其文化保护的专门性法律,并细化法律细则。此外,黄淮海地区各省市应根据本地传统村落保护和发展的实际状况,在遵循国家法律条文的基础上,尽快制定地方性传统村落保护法。

以北京为例，虽然目前已经出台了一系列针对传统村落的法律，但基本上都是针对村落的保护和修缮；而乡村旅游发展有其特殊性，需要政府从政策、资金、人才、管理等众多方面进行扶持与规范。因此，北京应尽快出台针对乡村旅游发展的规范与意见，建立有效的旅游开发与保护机制。同时，应根据京郊旅游发展的现实基础，创新发展模式与机制，如针对村民和当地政府旅游发展资金匮乏的问题，创新传统村落旅游发展的投融资模式，构建村民—银行—投资商—社会团体的多元立体旅游融资体系、利益共享与分配机制。此外，要建立动态的旅游保护监督体制，及时了解古建筑资源的开发与保护情况，以便更有针对性地推进旅游的可持续发展。

（二）将传统村落保护、利用纳入新型城镇化总体规划

传统村落保护工作要秉持新型城镇化"以人为本"的理念，不能只关注传统村落的物质文化实体，还要兼顾传统村落的非物质文化、村民的生存与发展状况，以促进传统村落的可持续发展。此外，规划的制订和实施既要充分考虑当地传统村落的特色，保持村落原有自然与人文生态的原真性、整体性，也要在保护传统村落物质文化遗存时注入人文关怀，统筹传统村落保护与城乡发展。

同时，传统村落的规划应协调旅游发展与保护的关系。旅游是传统村落遗产活化的有效途径，黄淮海很多地方依托传统村落的旅游产业发展迅速。但要注意传统村落是一种活的文化生命体，在制订传统村落发展规划和开发过程中应协调旅游开发与保护的关系，既要保证通过旅游发展让村民享受到现代生活的便利，还要保证原有的传统文化和风貌不被破坏。"空心化"问题和过度"商业化"

倾向是黄淮海传统村落保护与旅游开发的普遍问题。因此传统村落发展规划应遵循"村内减法，村外加法"的原则，将针对游客的旅游配套设施建在村外，尽可能减少村内商业设施的兴建；在古村落外划定一定范围，设立新区，建设与古村落相协调的新房等生活设施，既解决村民需求，又满足旅游发展的配套设施要求。

（三）建立"保护责任追究制"，将传统村落保护纳入政绩考核体系

建立"保护责任追究制"，责任落实到人，并将传统村落保护纳入政绩考核体系。这首先需要政府认识到传统村落的文化价值，认识到传统村落保护对于中国发展文化生产力、增强文化软实力的重要作用，切实将传统村落保护列入议事日程。在考核地方官员的政绩时，不能"唯经济论"，而是把传统村落保护作为加快城镇化的主要任务之一，对不能按要求保护传统村落者予以一定的处分。

（四）培育、提高居民主体性保护和参与意识

当前中国对传统村落保护与利用工作的开展，形成了以政府为主导、社会各界积极参与的模式。但是在相关参与主体中，居民的话语权容易被忽视。这种方式往往会造成政府和居民因沟通不畅而产生诸多问题与矛盾，加深两者之间的隔阂。因此，政府在传统村落保护和开发中应当充分考虑居民的需求与意见，与村民保持沟通。政府也可适当下放管理权，让居民有机会参与传统村落的保护。

同时，传统村落的开发和保护应围绕原住居民生产、生活的真

实性展开。黄淮海地区文化源远流长，传统村落承载着各个时期的历史记忆，保护不是把村落完全变成明清一条街或者具有唐风宋韵，而是要防止一味地娱乐化、庸俗化。在传统村落开发中要注重文化遗产的真实性，传统村落里得有当地人居住和能看到反映传统文化的有形物质形式，开发的产品应能再现村民真实的生产、生活面貌。此外，黄淮海地区应建立以村民为主、社会力量广泛参与的传统村落保护机制，探索和创新合作模式，鼓励各类社会组织、企业和个人以入股、租赁、托管、认保等方式参与传统村落的保护及开发。

第二节
黄淮海乡土文化的传承与发展

发源于传统农业社会的乡土文化，是由村民个体或集体创造，并长期积淀继承而形成的内容丰富、形式多样的传统文化。乡土文化往往具有浓郁的地方色彩，是地区物质文明、精神文明与生态文明的总和，是地方的共性文化积淀，是区域的文化名片，是延续人类社会发展的血脉。我国农村面积广大，农业历史悠久，这片沃土孕育了丰富灿烂的乡土文化。黄淮海地区从广义上说属于中原文化区，其中山东的部分地区属于齐鲁文化区，这个地区是中华文化的重要源头。在数千年的发展演变中，黄淮海地区的乡土文化也得到了传承和发展，使其具有新的生命力。根据表现形态，可以把黄淮海地区的乡土文化分为物质性乡土文化和非物质性乡土文化两大类。

一、传统服饰

黄淮海大部分地区位于内陆，相对来说风气比较保守，在传统服饰上体现为简朴、古板，而且式样变化较为缓慢。同时，黄淮海地区以中原地区的人口为主，虽然历史上有民族融合，但相对来说少数民族的人口比重还是较小，中原文化厚重、源远流长，少数民族文化被同化得较多，对中原文化的改变并不多，所以在演进过程中，黄淮海地区的传统服饰并没有发生大的改变。在封建社会，不同社会阶层和经济群体在服饰上差距较大，清代贵族男子多以长袍马褂为主，女子则以上衣下裙为主。乡村地区的服饰因为劳动的关系，呈现紧身、简便的特点，一般要扎腿带，男子腰间还要束蓝黑布带（表5-1）。

表5-1　黄淮海农村地区的传统服饰[①]

季节	男子	女子
冬季	上身穿对襟布衫，外套对襟小棉袄或大襟棉长袍，下身穿大宽腰棉裤或者单裤套棉䘸裤[②]	多在袖口、下摆、裤脚、领口镶边，大裤腰，宽裤腿，扎腿带
夏季	上身多穿对襟小褂或长袖或短袖或无领无袖（坎肩），下身穿大裆裤或裤䘸	

当地人们所穿的鞋子多为手工制作的布鞋，直至今天，黄淮海地区很多村民还是习惯穿手工制作的鞋子，手工制鞋的技艺也得以传承。河南省偃师市由20世纪50年代的手工制鞋业发展到今天，成了"中国布鞋之都"，并依靠手工纳鞋这一传统文化和手工业，

---

① 鲁科科，李润强. 中原地区民俗特色文化概述[J]. 东南文化，2007（5）：65-72.
② 棉䘸裤：亦称套裤，无裆，只有两条裤腿，顶端有飘带系于裤带。

打造了布鞋文化旅游，展现传统纺织、织布、布鞋纳制过程，游客在这里可以参观布鞋博物馆，享受足道文化。

二、饮食风俗

受气候和地形的影响，黄淮海地区主要种植小麦、玉米、大豆等作物，农村大部分地区的饮食为一日三餐制，主要以面食为主。受区域条件的影响，饮食风俗有所不同，而且这些不同的饮食风俗被人们很好地传承下来，比如京、津、豫一带的农村地区吃面习惯用特大号"捞碗"，一手一碗，常在村中心的"饭场"上多人围蹲就食，边吃边聊家常，或互通信息，或说笑闲聊，形成特异的"风景线"。餐饮中的好客传统也是黄淮海地区淳朴民风的重要体现之一。不管贫富，有客人到来，主人一般都会习惯性地热情招待，菜肴根据家境不同会有所差异，但都会倾尽全力招待，席间流行劝酒，酒足饭饱之后喝茶。这些传统习俗在黄淮海部分农村地区依然盛行。

三、人生礼仪

黄淮海地区的礼仪依靠传统的习惯势力、传袭力量和民间信仰约束着人们的行为与意识，成为人们共同遵守的社会公德。人生礼仪主要包括婚嫁、生育、丧葬等。在婚嫁方面，旧时是媒人提婚后，根据媒妁之言，婚姻全权由父母决定，子女并无选择权。随着时代的进步，人们的思想也发生了变化，黄淮海大多数农村地区的婚姻被自由恋爱的方式取代。在生育方面，受儒家思想的影响，小孩的诞生礼俗有"报喜""三朝""做满月""过百日""过周岁"等，每种礼俗的规矩都比较烦琐。后来在发展过程中，人们逐渐摒弃了一些陋习，使这些礼仪得到新的发展。在丧葬方面，旧时讲求大操大办，儿女为讲究排场，奢侈之风盛行。现在人们的思想发生转变，一些基本的丧葬礼仪被继续沿用，奢侈之风则被弃除。总的来说，黄淮海地区的人生礼仪在社会发展的过程中不断被赋予新的生命力。

四、岁时节日

黄淮海地区的节日大都是中国的传统节日，有深厚的传承性和很大的通约性。虽然这些节日具有通约性，但不同地区的习俗还是不尽相同，在传承与发展中被赋予了新的含义与内容。

五、民间技艺

黄淮海不同地区的劳动人民在生产、生活中创造了形式多样的民间技艺，形成了地方特色和民族风格，并在漫长的历史演变过程中传承和发展。在戏曲方面，如河南豫剧在河南梆子的基础上逐步发展壮大起来，现在河南大部分地区的农民都还能哼几句，甚至有很多村民仍以戏曲表演为主要谋生手段，每次演出都能吸引很多对传统戏曲感兴趣的戏迷前去观赏。黄淮海地区民间技艺众多，不胜枚举，比如北京吹糖人、天津泥人张、河南朱仙镇和山东杨家埠的木版年画等，这些技艺在中国很多地方都家喻户晓。目前这些传统民间艺术在传承与发展的过程中也带动了旅游业的发展，不少人积极挖掘当地的民间艺术资源发展旅游业，带动当地人发家致富，促进了民间艺术的继承与发展。

六、寻根祭祖

寻根是指海内外某个宗族、民族依据文献资料、口头传承、历史遗迹等来研究传统文化的演变，以追寻本宗族或民族的来源，进而增强归属感。黄淮海地区是中华文化起源地之一，历来重视寻根祭祖活动的开展。在漫长的历史演变过程中，寻根作为一项文化传统被继承并发扬光大。例如，河南省新郑市是轩辕黄帝的出生地和建都地，河南省灵宝市则是轩辕黄帝鞋袜埋葬地和造鼎地，河北省涿鹿县是黄帝时期有名的战场等，每年的祭祖日都会有数以万计的海外华人前来祭拜，并被延续下来。这些大型的祭祖活动文化可以作为一种旅游资源进行开发。黄淮海地区，特别是河南境内依托祭祖等资源开发的文化旅游项目已经初具规模，前来祭拜的人一方面可以表达对宗族的缅怀之情，另一方面通过了解当地传统文化，也可以加深对国家的认同感。[①]

[①] 秦永洲. 山东社会风俗史 [M]. 济南：山东人民出版社，2011.

第三节
旅游开发在黄淮海传统村落活化中的作用

一、黄淮海传统村落的旅游开发历程

过去黄淮海地区以发展工业和农业为主,旅游业发展相对较晚,但其位于京、津、沪之间优越的区位优势和庞大的旅游市场优势为其乡村旅游快速发展提供了巨大的发展机遇。

(一)黄淮海乡村旅游的开发历程

我国真正意义上的现代乡村旅游开始于20世纪80年代末,黄淮海地区的乡村旅游基本上与我国整体旅游发展同步,大致可将黄淮海地区乡村旅游开发历程分为以下四个阶段:

表 5-2 黄淮海地区乡村旅游发展阶段

角度	起步阶段 (1949—1994年)	成长阶段 (1995—2004年)	繁荣阶段 (2005—2015年)	转型阶段 (从2016年开始)
发展特征	乡村旅游引发关注	乡村旅游发展迅速	乡村旅游制度化和体系化发展	乡村旅游发展转型
重要事件	民俗文化旅游模式、旅游扶贫模式创新等	国家规范出台、乡村旅游规模化发展等	乡村旅游蓬勃发展、乡村旅游日益制度化等	乡村振兴战略、田园综合体、休闲农业等

1. 起步阶段（1949—1994 年）

早在二十世纪六七十年代，受政治因素的影响，我国已经产生了农业旅游目的地。因外事接待需要，1972 年，山东省安丘县（现安丘市）石家庄村在全国首开乡村民俗文化旅游之先河，通过逐步发展，为游客提供住农家房、吃农家饭、做农家活、随农家俗等休闲娱乐活动，被誉为"中国民俗旅游第一村"。[①] 1986 年，河北省涞水县野三坡开始接待游客，当时封闭落后的面貌在铁凝笔下的《哦，香雪》中有真实的反映，村民从惊讶、呆望、接纳、接待到建设，乡村旅游发展迅速，当时开创了在全国极具影响的旅游扶贫模式——"涞水模式"。1992 年，《中共中央国务院关于加快发展第三产业的决定》颁布，进一步明确将旅游业作为今后第三产业发展的重点，全国各地均开始发展具有地方特色的乡村旅游项目，北京、山东等地区的乡村旅游发展也正式开始起步。

2. 成长阶段（1995—2004 年）

1995 年 5 月 1 日，国家开始实行双休日制，为国民短期出游提供了极大的方便。1998 年，国家旅游局将"华夏城乡游"作为旅游年主题，并开展了一系列乡村旅游活动。1999 年，国家实行黄金周假日制度，进一步促进了旅游业的发展，乡村旅游发展迅速。同年，山东省长岛县王沟村、日照市王家皂村在全国首创"渔家乐"项目，把游客请到普通渔民家体验渔家生活。随着知名度的提高，乡村旅游活动在黄淮海地区逐步全面开展。[②] 据统计，截至 2001 年，北京

[①] 何光暐. 中国旅游业 50 年 [M]. 北京：中国旅游出版社，1999.
[②] 冯年华. 乡村旅游文化学 [M]. 北京：经济科学出版社，2011.

市乡村旅游项目累计达到1589项，2001年实现接待游客2856万人次，乡村旅游总收入17亿元，出现了一批受游客欢迎的观光农业园，典型代表包括昌平区的小汤山农业科技观光园、门头沟区的妙峰山樱桃园、大兴区的庞各庄西瓜园、海淀区的锦绣大地农业观光园等。与此同时，还发展了民俗文化旅游村，以密云遥桥峪村、昌平菩萨鹿村、房山西庄子村、怀柔神堂峪村等村为代表。2002年10月，国家旅游局发布了《全国农业旅游示范点、全国工业旅游示范点检查标准（试行）》等，引导乡村旅游逐渐走上了标准化、规范化的道路。随着国内城市居民收入水平的提高、休闲时间的增加，城市居民回归自然、回归乡村的愿望也逐渐增强。这时，围绕京、津等大都市的市民需求，黄淮海地区开始出现了乡村农家生活体验、瓜果采摘和田园风光欣赏等新型旅游方式。这种乡村旅游产品的开发，依托较好的农业基础，还能很快满足游客求新、求奇、求特的需要，因此得到了快速发展。

3. 繁荣阶段（2005—2015年）

2005年1月，首批203家全国农业旅游示范点被公布。在此基础上，第二次评选出2005年度全国农业旅游示范点156家。两次共评出359家农业旅游示范点，在首批全国农业旅游示范点名单中，黄淮海地区农业旅游示范点有60多家，如天津蓟县下营镇常州村、山东枣庄抱犊崮—熊耳山—洪门葡萄村、山东莱芜房干村、河南新乡七里营龙泉村等。2006年，国家旅游局确定旅游主题为"中国乡村游"；2010年，提出旅游发展"回归自然，休闲度假"的口号，又回到了"中国乡村游"这个主题，促进乡村旅游不断发展。自2012年起，住房城乡建设部、文化部（现文化和旅游部）、财政部等政府部门先后公布了四批中国传统村落名录，涵盖全国各地传统村落 4000 多个，黄淮海地区入选的传统村落有 300 多个，其中包括北京市门头沟区斋堂镇爨底下村、山东省济南市章丘区官庄街道朱家峪村、河北省石家庄市赞皇县嶂石岩乡嶂石岩村等。[①] 由此，我国乡村旅游逐渐步入制度化发展快车道。

4. 转型阶段（从 2016 年开始）

2016 年，在中央城镇化工作会议上，国家提出"让居民望得见山、看得见水、记得住乡愁"，并开始全面推进"美丽乡村建设"。2016 年，农业部、财政部、国家发展改革委等 14 个部门联合印发了《关于大力发展休闲农业的指导意见》，将乡村旅游发展与美丽乡村建设、城乡一体化、扶贫攻坚等国家战略协同发展。2017 年，中央一号文件提出"田园综合体"，田园综合体是集循环农业、创意农业、农事体验、休闲旅游、田园社区于一体的乡村综合发展和产业转型发展的创新模式。2017 年，习总书记在党的十九大报告中明确提出实施乡村振兴战略，为今后传统村落的保护与发展提出了新的要求，带来了新的机遇。黄淮海地区作为传统村落最集中的地区之一，传统村落的旅游开发今后必将根据市场需要和环境变化，创新产业发展业态和模式，推进乡村旅游的产业转型升级。

---

① 为方便叙述，此处包含 2016 年公布的第四批中国传统村落名录。

（二）黄淮海传统村落旅游的发展现状

1. 空间特征

乡村旅游从空间特征上分为城郊型、景郊型、村镇型三大类型。[①] 城郊型是目前乡村旅游的主要类型，它依托大、中型城市，乡村是城市居民休闲的"后花园"，也是环城游憩带的重要组成部分。近年来，各个城市城郊观光农业、农家乐、民族村寨旅游蓬勃发展。景郊型主要是依托大型景区在市场上的知名度，围绕景区开展的乡村旅游特色活动，在开发中能较好地保存乡村原生状态。村镇型主要是依托特色村、镇来开展旅游活动。都市旅游者追求返璞归真、回归自然，倾向于选择既有优美山水、田园风光，又有特色文化底蕴的村镇作为乡村旅游胜地，河北省张家口市蔚县暖泉镇北官堡村、西古堡村就属于这一类型。

2. 发展形式

目前黄淮海地区的传统村落旅游初步形成了以农业观光和农家乐为主体，兼顾特色项目的发展格局。随着市场环境和消费者需要的变化，黄淮海地区的传统村落乡村旅游正在由原来的"住农家屋、吃农家饭、干农家活、享农家乐"这种以观光休闲和文化体验为基础的发展模式，向以观光、考察、学习、参与、亲子、会展、休闲、度假、娱乐等为一体的综合型方向发展，北京近郊的众多传统村落在产业转型和融合发展中具有很强的代表性。

---

① 车震宇.传统村落旅游开发与形态变化[M].北京：科学出版社，2008.

3. 发展问题

黄淮海传统村落的各种文化和历史遗产资源并没有得到充分、有效的挖掘和利用，与南方先进省份相比，传统村落旅游在开发层次上仍处于较低水平，乡村旅游品位不高、产品雷同、盲目重复、淡旺季明显，难以满足游客多层次、多类型和高品位的需求。此外，黄淮海传统村落由于京、津的"虹吸效应"，普遍存在"空心化"现象，因此在旅游发展中既缺乏科学规划和设计人才，又缺少具有创造性的青壮年劳动力的参与，致使乡村旅游开发深度不够、档次不高。许多乡村旅游只是在原有生产基础上稍加改动和进行表层开发，缺乏创新设计和深度加工，特色不突出，难以让游客切实感受传统村落旅游文化内涵，也没有形成鲜明的品牌形象，影响了传统村落旅游的可持续发展。

二、旅游开发对黄淮海传统村落的影响

旅游开发对传统村落的影响有两方面：一方面，旅游促进了村落环境整治、基础设施提升、建设风貌控制和历史建筑修复；另一方面，随着游客增多，商业化色彩逐渐浓厚，村落整体风貌难以保留，村民外迁造成村落"空心化"，原有的传统民俗逐渐异化或消失等。①

---

① 谢彦君.基础旅游学[M].北京：中国旅游出版社，1999.

（一）旅游开发对传统古村落经济的影响

黄淮海地区旅游开发对传统古村落经济的影响主要包括：改变村民就业结构、增加就业机会、调整古村落产业结构、提高村民经济收入、促进经济发展。

在旅游开发前，黄淮海地区的农民大多从事传统农业、手工业和在乡镇企业务工。在旅游开发后，村民开始经营餐饮住宿，向游客售卖旅游纪念品、本地土特产，参与景区管理维护等。村民的就业结构发生重大改变，由原来传统的以农业为主的就业结构开始向农商结合的就业结构转化。与此同时，产业结构也得到了较大调整，产业结构由第一、第二产业向第三产业过渡，服务业人员逐渐增加，第三产业发展迅速，形成了第一、第二、第三产业综合发展的产业模式。村民通过参与旅游活动，提升了自身的生活水平。对当地而言，就业率提高、就业结构改变、经济收入增加，经济得到了发展。

（二）旅游开发对传统古村落环境的影响

旅游和环境之间的关系比较复杂：旅游的发展不仅能促使一部分典型景观得到保护，也可能给典型景观所在地带来嘈杂的人流、遍地的垃圾，最终使生态环境不断恶化。人们对旅游与环境之间平衡关系的关注可追溯到20世纪70年代。下文主要从村落生态环境、村落整体建筑风貌、基础设施以及视觉效果等方面简述旅游开发对传统村落环境的影响。

通常，传统古村落的形成都是基于当地特殊的自然环境，具有较强的地方性。古代村民讲求"天人合一"，在生产、生活中十分注重与自然生态和谐统一。黄淮海地区古村落历史悠久，许多地区仍保留较完整的明清民居建筑群。在黄淮海地区进行旅游开发活动，可以利用其丰富的历史文化财富、优越的交通条件。旅游活动中的食、住、行、游、购、娱都与旅游交通条件有关。交通的便利性会影响旅游业的发展质量和发展速度，旅游业的发展也会反过来进一步影响交通的发展。

随着旅游开发的深入，受游客欢迎的古村落开始得到保护，人们对破损的古老建筑进行修复、对不和谐的视觉景观加以整改，使其恢复往日风采。然而，旅游开发活动对传统古村落环境的负面影响也是不容忽视的，比如现代化的生活方式与传统古村落格格不入，灯红酒绿的商业环境破坏了淳朴静雅的田园耕作；外来游客随处乱扔垃圾，不文明的旅游行为破坏了自然环境；激增的游客数量超过了环境容纳量。这些问题都会导致古村落环境在一定程度上的恶化，三家店村和爨底下村等就出现了过度商业化倾向，还有些村落甚至出现了彩钢房等现代建筑，大大破坏了古村风貌。

（三）旅游开发对传统古村落社会文化的影响

旅游开发活动对旅游目的地社会结构、价值观念、生活方式、习俗民风和文化特征等方面都会产生不同程度的影响。[1]首先，随着旅游开发活动的深入，不同地域、不同民族的群体之间进行交流，使当地村民接触多样的外来文化，促进地方文化的融合发展；其次，旅游开发使当地村民进一步了解和认识传统文化的潜在价值，增强

---

[1] 邹统钎，高中，钟林生.旅游学术思想流派[M].天津：南开大学出版社，2008.

了文物保护意识，提升了个人归属感和文化认同感，提高了当地村民对传统建筑的保护意识，某种程度上强化了接待地的文化认同；最后，随着旅游活动的进行，原本封闭的古村落与外界的交流日益广泛。

与此同时，旅游开发对传统村落的社会文化带来了一定冲击。长期以来，黄淮海地区保留了较强的传统宗族血缘意识，以家族利益为重，热情好客。但随着旅游产业的发展，功利思想、逐利意识逐渐渗透到村民的思想意识中，在潜移默化中冲击了古村落的文化根基，村落与村民最初的质朴、对传统文化的坚守渐渐消退，而这些原本是黄淮海传统村落旅游发展的源泉。因此，如何吸收外来文化之所长，弃其糟粕，是黄淮海传统村落旅游开发者和当地村民值得深思的问题。

第四节 黄淮海传统村落的旅游活化案例

一、北京市门头沟区斋堂镇爨底下村

（一）区位与发展历史

爨底下村坐落于京西斋堂镇西北部的峡谷中，四面环山，属太行山脉，坐北面南，依山而建，海拔650米；位于清水河流域，温

图 5-1　爨底下村全貌

带季风气候，年平均气温 10.1℃，自然植被良好；① 距北京市区 90 千米，距门头沟区 65 千米，在 109 国道北沟村口 6 千米处。2006 年，爨底下村古建筑群被国务院公布为全国重点文物保护单位。2009 年，爨底下村被评为"北京最美的乡村"。2012 年，爨底下村被列入第一批中国传统村落名录。

爨底下村的村名有三种说法：一是因在明代军事隘口爨里安口的下方而得名；二是村北有崖头，远望似灶，人称"爨头"，村在爨

---

① 王云才，杨丽，郭焕成. 北京西部山区传统村落保护与旅游开发利用：以门头沟区为例[J]. 山地学报，2006（4）：466-472.

头之下,故名爨底下;三是相传村子西北爨宝玉沟为太上老君炼丹聚宝的地方,因村庄在其下,故名爨底下。

村民大都姓韩,是明代沿河城守口百户韩仕宁的后裔。韩仕宁,生年不详,卒于弘治七年(1494),为明代世袭武官,驻守沿河城一带军事要冲的百户,官秩正六品,统兵人,下分二总旗,十小旗。[①] 根据爨底下村中"祖先堂"记载,该村是第一世祖韩福金后裔中的一支,按"福景自守玉、有明万宏思、义巨晓怀孟、永茂广连文"取名,现已传到第17代"茂"字辈,据此推算,爨底下村已有500多年的历史。[②]

爨底下村的发展得益于明代正德十四年(1519)修建的古驿道。这条古驿道是重要的军事通道,也是商旅必经之路。沿古驿道向东南行6千米,进入斋堂;向西北行4千米,经柏峪村、天津关、黄草梁,可到达河北省怀来县麻黄峪村。过去从麻黄峪村启程到爨底下村,正是一天的行程,爨底下村便成为过往商旅的落脚之地,也渐渐成了山货集散地。

(二)主要旅游资源

1. 古民居

爨底下村现存70余套、500间明清时期的四合院民居,是比较完整的古代民居建筑群,被称为"北京的布达拉宫"。整体分上下两层,高低错落,布局严谨,变化有序。建筑风格既有江南窗、楼、

[①] 北京门头沟村落文化志编委会. 北京门头沟村落文化志[M]. 北京:北京燕山出版社,2008.
[②] 薛林平. 北京传统村落[M]. 北京:中国建筑工业出版社,2015.

室等细节处理上的风韵，又有北方高宅大院恢宏的气势。山路、石墙、门楼、院落、影壁、花墙仍能看出当年的精工细作，砖雕、石雕、木雕蕴藏着古老的民族文化，灰瓦、飞檐、石垒的院墙在凝重厚实中透着威严。

与典型的北京四合院相比，爨底下村的四合院也注重正房和厢房的大小尺寸、门楼和中轴线的位置等，工艺上也讲究干磨细摆、磨砖对缝。不同的是，爨底下村的四合院依据地形进行了创新改造：东、西厢房向院落中央缩进，减少占地面积；在二进院中内宅与外宅的中轴线上，不建垂花门，而是建三间五檩的穿堂屋，以提高土地利用率。

爨底下村的四合院可分为山地四合院、双店式四合院及店铺式四合院。房屋地基多为条石砌成，两侧墙腿置石质迎风盖板，石雕花纹有大方格、斜方格、水波纹或花卉吉语等。正房、倒座房多为三间，厢房为两间。前院东厢房、后院东厢房的南山墙建有影壁，均包括上"帽"、中"心"、下座三部分。"帽"上一般雕寿桃、"万"字锦，檐头瓦当上多为虎头、"福"字，磨砖假椽头或圆或方，雕以梅花，取万事美好之意。"心"外角雕有四时花卉，内角雕云花，中心或雕"鸿禧"，或书"福"字，常见"福"字左上点为蝙蝠，下为梅花鹿头，右侧为寿星，寓福、禄、寿。福、禄、寿上饰以梅花，寓意五福临门。墙体四角为砖或石质，房顶多为双坡硬山清水脊，房脊两端起蝎子尾，下置花草盘子，板瓦石望板或木望板，条砖墙裙。门和窗的窗棂款式多样，有工字锦、灯笼锦、大方格、龟背锦、满天星、一马三箭和斜插棂字等。

图 5-2
"福"字影壁

爨底下村中轴线上、地势最高的院落是广亮院,村民称为"楼儿上",建于清代早期,清代晚期、民国时期均对其进行了修缮。院落北高南低,院外有围墙,房屋共 45 间,南、北两进,分东、中、西三路,东路前院正房、中路院正房及西过厅仅存墙体或地基,其他建筑主体完好,是该村较典型的大四合院。

2. 龙王伏魔庙

龙王伏魔庙被村民称为"大庙",位于村东北部的小山上,坐北朝南,建于清代康熙五十四年(1715)。爨底下村邻近沟底,雨后常有山洪奔泻下泄,老村曾被山洪冲毁,后另建新村,并建龙王庙以镇洪水,天旱时也可在此求雨。又因爨底下村位于古道之旁,商业发达,庙内增设了利市财神关帝,所以称为"龙王伏魔庙"。

3. 京西"一线天"

京西"一线天"是一段下宽上窄的峡谷,在爨底下村北 3 千米

图 5-3
京西"一线天"

左右处。在未修公路之前,峡谷内宽窄不一,有些地段深不见底,不能通行。20世纪80年代修了公路之后,现在的"一线天"已经没有以前那么险峻了,但依然是一处独特的景观。

4. 永定河峡谷

永定河峡谷是永定河上游河谷,北起官厅水库大坝,南至门头沟区沿河城,又称"官厅山峡""幽州峡谷",峡谷内两侧高山耸立,巨大的山石已经自然风化,峡谷底部是湍急的永定河,峡谷的形状像一条龙，直冲云霄。河谷两侧山体主要是由石灰岩构成的，是我国著名的大峡谷。

（三）旅游发展过程

1995年，爨底下村开始进行旅游开发。2003年年底，该村注册了"爨"和"爨底下"商标，开发了多种旅游产品。2003年，爨底下村被评为中国历史文化名村。2009年，斋堂镇重组整合了黄岭西村、双石头村、爨底下村、柏峪村的资源，成立了爨柏景区。爨底下村采用"集体统一经营+农户分散经营"的模式，利用古文化资源和人力资源，以旅游为龙头，带动相关产业，目前主要盈利来源是景区门票、开办农家乐和出售旅游产品三个方面。

（四）旅游活化亮点

1. 以社区为主导的发展模式

对乡村进行旅游活化，首先需要维持当地居民的正常生活。居民既是村落文化遗产的组成部分，也是文化遗产的传承载体；历史建筑是珍贵的有形文化遗产，要得到保护，也必须满足村民日益提高的生活需求。

爨底下村依托爨柏景区进行旅游活化，属于景区依托型旅游活化方式，主要是通过社区控制和全民参与，由自主独立经营转向社区控制下的共生经营模式。采取社区主导的发展模式，核心理念是地方社区控制，旅游产业供应链本土化，本地经营者与外来投资者分工、共生，公共管理民主化。

爨底下村有文化遗产地和乡村旅游地的双重属性，从多年的开发经验中，爨底下村人探索出的旅游发展模式与自身条件、环境相适应，旅游发展模式主要是以社区为主导，以文化遗产地和乡村旅游地为依托，将开发、经营、管理、营销和盈利融合在一起，环环相扣，形成了完整的文化遗产旅游开发体系。

2. 完整保留乡村文化空间

乡村文化空间是乡村文化的载体，也是乡村文化的产物和组成部分，保护、传承乡村文化空间是对村落进行旅游开发的基础。

爨底下村在开发传统村落过程中优先保护村落环境，以明清四合院为原始载体，通过旅游产品设计，把原来的乡村风貌、原味的乡村生活、原生的乡村生态"定格"，并活态化保留，完整保留了传统乡村文化空间，成为京郊古村落的活态标本。

3. 遵循现代商业运作模式

爨底下村深入挖掘传统村落的现代商业价值，在继承传统文化的基础上不断创新旅游商品，并以"爨"和"爨底下"为商标进行注册，加强旅游文化知识产权保护，形成具有地方特色的文化旅游商品。[1]

---

[1] 李凌. 北京传统文化村落的保护与开发研究[J]. 北京农业职业学院学报，2015（3）：68-72.

二、河北省保定市清苑区冉庄镇冉庄村

（一）区位与发展历史

冉庄村位于保定市西南 30 千米处，地处冀中平原，西有京广铁路，北有京深高速公路，东有保衡公路，张望公路穿境而过。南距河北省省会石家庄 130 千米，北距我国首都北京 140 千米。

关于冉庄村的历史，有"唐村宋镇"之说，始建于隋代，唐代植槐于街，宋代一度繁荣。[①]

该村是电影《地道战》中高家庄的原型，在抗日战争和解放战争中，英勇的冉庄人民利用地道对敌作战 72 次，配合部队作战 85 次，打死打伤敌人 2100 多名，创造了辉煌的战绩，曾获得"抗日模范村"称号。

冉庄地道战遗址于 1961 年被国务院列为全国首批重点文物保护单位，1995 年被共青团中央确定为全国青少年教育示范基地，1997 年被中宣部评为全国爱国主义教育示范基地。2017 年 1 月，国家发改委发布了《全国红色旅游经典景区名录》，冉庄地道战遗址入选中国红色旅游经典景区名录。

---

① 姚金果.第一批国家级抗战纪念设施和遗址通览[M].北京：中共党史出版社，2014.

图 5-4
冉庄村的地平堡工事

（二）主要旅游资源

冉庄村主要旅游资源是地道战遗址，遗址整个保护区面积为 30 万平方米，重点保护区为 26 万平方米，较完好地保留着华北平原传统村落的风貌，仍具有二十世纪三四十年代村庄的空间格局。遗址保护区分为地上、地下两部分，地上有高房工事、牲口槽、地平堡、锅台、石头堡、面柜等各种作战工事，以及复原的冉庄抗日村公所、抗日武装委员会；地下有地道 3000 米，各种地道口 32 个，还有卡口、翻眼、囚笼、陷阱、兵工厂、指挥部、储藏室等各种巧妙的设施 23 种，共 256 处。

十字街的两株古槐和树上悬挂的报警铁钟是冉庄村的典型标志。冉庄人民于 1938 年春开始挖地洞，最终以十字街为中心，顺沿着东、西、南、北大街各有一条干线地道，连着干线地道的南北纵向支线地道有 13 条，东西支线地道有 11 条，还有西通东孙庄，东北通姜庄的连村地道，东南通隋家坟和河坡的村外地道，形成户户

图 5-5
冉庄村的铁钟

相通、村村相连的地道网。从用途来说，可以分为与敌军作战用的军用地道和供群众隐蔽的民用地道。地道一般宽 0.7—0.8 米，高约 1—1.5 米，上距地面 2 米多。

冉庄地道战遗址是抗日战争的历史缩影。许多影视片，如《地道战》《烈火金刚》《敌后武工队》《平原游击队》《刘关张传奇》《擎天柱》《模范边区晋察冀》《平原诗篇》《滹沱河风云》等都曾在此拍摄。

（三）旅游发展过程

冉庄村的旅游业是依托地道战遗址发展起来的，近年来大力发展面向游客的特色餐饮、特色纪念品、特色农产品，不但丰富了旅游内容，也增加了就业岗位。

1959 年 8 月，冉庄地道战纪念馆落成。2010 年 9 月 2 日，冉庄地道战纪念馆新馆落成。以前需要买票参观时，游客数量年均 60 多万人次。免费开放后，游客量逐年递增，特别是冉庄地道战纪念馆新馆建成开放后，游客剧增，年接待游客量逾百万人次，最多的一年接待游客超过150万人次。2011年上半年，冉庄地道战纪念馆就接待游客52.8万人次，同比增长39%。2015年仅"十一"假期，冉庄地道战遗址景区就接待游客7.41万人次，同比增长11.6%。游客原来多来自河北省内，近几年接待的游客来自全国各地，还有韩国、美国等国外游客。

随着旅游的发展，冉庄村的相关设施得到了极大改善，景区管理也日益规范。2017年，清苑区委、区政府再一次拓宽旅游路，道路两边各预留出几十米宽的绿化范围。2017年7月6日，清苑区政府与天津大学建筑设计规划研究总院就冉庄文旅特色小镇设计规划签订战略合作协议。冉庄村将对接专业的旅游运营公司，引进专业化团队，对冉庄村进行整体打造和包装，以科学打造有特色、有味道、有情调的冉庄文旅特色小镇。[①]

（四）旅游活化亮点

1. 社区参与式旅游活化

冉庄村目前仍有千余人居住，十字街保护范围内的68户99处已经被确定为省级文物保护单位，为20世纪30年代及以前建造并保留至今的传统院落。社区居民的参与能让他们从旅游的发展中得到实惠，从而进一步激发他们共谋旅游发展的热情，也可以让他们发挥自己的专长，降低管理成本，缓解管理压力。

---

① 燕赵都市报.保定市清苑区冉庄：地道战遗址孕育文旅特色小镇[EB/OL].（2017-10-11）[2019-04-06].https://www.sohu.com/a/197306988_219919.

2. 免费参观

"门票经济"的形成与观光旅游相关，随着经济、社会的发展，人民群众已经不再满足于仅仅依赖于资源的观光旅游。目前，人们的旅游活动呈多种类型，比如依赖于环境、服务的休闲度假旅游，体验生活、生产的体验式旅游，以学习知识为目的的科普教育型旅游等，所以更需要突破门票限制，注重旅游全产业链，包括食、住、行、购等环节的发展。

2008 年 3 月，冉庄地道战纪念馆免费开放，后每年接待的游客人数逐年增加，餐饮、纪念品等旅游衍生品收入大幅增加，居民集资修建的其他相关景点也获得了不菲的收入。纪念馆拥有直观的教育资源，蕴藏着丰富的信息和知识，免费开放后，更多人走进了纪念馆，更有利于发扬其社会教育功能，丰富人民群众的精神文化生活。

3. 创新营销方式

在当前这个信息化时代，对于乡村旅游来说，"酒香"也不怕巷子深，但要在众多信息中吸引游客的目光，还是要创新营销方式。

冉庄村因地道战遗址而闻名，很多游客便是通过电影《地道战》来初步了解这个村的，该村通过承接多部影视作品的拍摄，进一步扩大了影响力；积极参与和推动"醉美保定·跟着老电影去旅行"活动，进一步促进了体验式旅游的发展；与学校、军队、行政机关等联系，开发新的旅游项目，如老民兵给小学生讲故事、师生入党仪式、现役军人爱国教育、大学生实习实践、中小学生夏令营等，获得了良好的社会效益和经济效益。

三、河南省新乡市辉县市沙窑乡郭亮村

（一）区位与发展历史

郭亮村位于河南省新乡市辉县市西北太行山深处的沙窑乡，距辉县约60千米，面积7.2平方千米，最高海拔1672米，属于丹霞地貌，下辖另山、回逃站、不蝶凹3个自然村。村落依山势坐落在壁立千仞的山崖上，村后是莲花山，村前是皇碑尖岭，地势险绝，景色优美，以奇绝水景和绝壁峡谷的"挂壁公路"闻名于世，又被誉为"太行明珠"。

郭亮村得名于东汉末年农民起义领袖郭亮，当时灾害连年，再加上封建官僚和地主阶级的残酷剥削，农民处于水深火热之中。太行山区的农民郭亮率领部分饥民愤然起义，反抗压迫，周围的农民纷纷响应，很快就形成了一支强大的农民队伍。朝廷急忙派兵镇压，但是屡次无功而返，只因地形险恶。后来，官府收买了郭亮手下将

图5-6
郭亮村

领周军，并封为"平西大将军"。周军反戈前来捉拿郭亮，镇压农民起义军。因腹背受敌，起义军只得退守西山绝壁，后粮草断绝，情急之下，郭亮急中生智，让士兵将战鼓与山羊悬挂在树上，羊因惊吓而四蹄乱蹬，导致鼓声咚咚咚日夜不停，敌军以为郭亮会愤然应敌，同时，郭亮令人在山背后用绳索下绝壁，安全转移。这就是悬羊擂鼓的故事。

（二）主要旅游资源

1. 传统建筑与自然山水

郭亮村的建筑物特色鲜明，村中随处可见石磨、石碾、石巷、石桌、石凳、石床等，民居大多为石制三合院，蜿蜒的山径连户通衢，形成了富于变化的独特景观。[①]

这里秀峰突兀、石径崎岖、溶洞深邃、银瀑悬壁，主要旅游景点有昆山隧道、石头建筑、险峭古道、郭亮洞、冰窖奇景，近年来开发的黑龙洞、白龙洞、红龙洞、黄龙洞增加了郭亮村的吸引力。郭亮村所在的万仙山景区是国家AAAA级景区、国家攀岩公园、国家地质公园、国家森林公园，也是国内著名的休闲、避暑、拍摄、写生和素质拓展的胜地。[②]

[①] 陶玉霞.传统乡村根性意象旅游感知的实证研究：以郭亮村为例[J].河南师范大学学报（哲学社会科学版），2017，44（4）：69-73.
[②] 刘喜梅.公地悲剧视角下乡村旅游目的地的治理：以河南省郭亮村为例[D].沈阳：沈阳师范大学，2014.

2. 郭亮挂壁公路

郭亮村著名的挂壁公路又被称为"郭亮洞挂壁公路""万仙山绝壁长廊""郭亮村绝壁长廊"等，始建于1972年。当时为了让乡亲们能走下山，13位村民在时任党支部书记申明信的带领下，卖掉了自家的山羊、山药等，筹得了一笔资金，用这笔钱购买了钢锤、钢锉等工具，在没有电、没有机械的艰苦条件下，用了5年的时间，在绝壁中人工凿出了一条高5米、宽4米，全长1300米的石洞——郭亮洞，于1977年5月1日通车。这条公路现在万仙山第一风景区，被称为"世界最险要的10条路"之一、"全球最奇特的18条公路"之一。

图 5-7　郭亮村的挂壁公路

（三）旅游发展过程

郭亮村的乡村旅游兴起于20世纪90年代初期，是由电影拍摄带动的。谢晋导演的电影作品《清凉寺钟声》公映以后，《举起手来》《走出地平线》《倒霉大叔的婚事》《双雄会》《红姑寨恩仇记》《战争角落》《天高地厚》等40多部影视剧在此取景拍摄，许还山、濮存昕、倪萍等艺术家曾在这里表演，至今仍留有不少当时电影拍摄的场地，吸引了众多海内外游客，曾经极为贫困的郭亮村村民因此体会到了旅游所带来的收益。

游客最初多为自助旅游者，他们采取徒步、踩自行车等交通方式，以欣赏自然风光、田园风光和攀岩等活动为主，后来游客类型和活动方式越来越多元化。热情、好客、淳朴的郭亮村村民开始运用旅游经济思维，参与旅游接待和服务，提供导游、住宿、交通运输和农家餐饮等服务。

在景区成立之前，郭亮村只有70余户人家，现在有83户，共329人。[①] 近年来随着交通条件的不断改善，以及当地政府的重视和支持，郭亮村的旅游收入逐年增加，旅游业为郭亮村的经济和社会发展提供了一条崭新的道路。

（四）旅游活化亮点

1. 整合资源，商业化运营

从2012年11月开始，市政府对包括郭亮村在内的7个景区

[①] 徐阳. 体验视角下乡村景区旅游吸引力提升研究：以新乡市郭亮村为例[D]. 新乡：河南师范大学，2017.

进行资源整合，成立旅游公司，统一开发、建设、管理和保护，不断完善郭亮村的旅游基础设施，改善交通等制约因素，为郭亮村带来了前所未有的发展机遇，也为郭亮村村民提供了良好的创收机会。公司与村民签订利益补偿协议，按照比例与村民共享旅游发展的利益。[①]

2. 依托景区带动

郭亮村在万仙山风景区内，是其主要的服务基地，是典型的景区带动型村落。依托万仙山风景区的优势，采用内部交通运营模式，郭亮村充分挖掘景区每年接待100多万名中外游客的资源，将绝大多数游客送达郭亮村，为游客提供吃、住、行、游、购、娱等多种旅游需要，郭亮村村民的收入快速增长。

3. 政府加强管理

辉县市政府和沙窑乡政府先后介入，制定乡村旅游发展规划和有关政策，参与旅游资源的开发、经营，指导、引导农民进行更广泛的乡村旅游服务活动，规范、监督乡村旅游服务质量。还成立了新乡市旅游市场综合监管工作领导小组，通过调研、访谈、讨论等多种方式识别制约旅游发展的现实问题，有针对性地提出解决对策，对景区旅游环境进行综合治理整顿，为乡村旅游的发展创造了良好的空间。同时，郭亮村的民风得到了极大改善，旺季游客滞留时，村民自发协助景区免费接送游客，受到社会好评。

---

① 樊娜娜.新乡郭亮村传统村落的保护与开发研究[D].新乡：河南师范大学，2017.

四、山东省临沂市沂南县马牧池乡常山庄村

（一）区位与发展历史

常山庄村位于山东省临沂市沂南县西北部山区，沂蒙生态大道穿境而过，距沂南县城约25千米，距京沪、日东、东红三条高速公路都为50多千米，距临沂飞机场70千米，距胶新铁路沂南火车站30千米。东边是西司堡，西边是张家峪子村，北边是拔麻村，南边是双泉峪子村。整个常山庄村地势北高南低，四面环山，村南侧有一条河流，自西向东穿村而过。

常山庄村原名为常胜庄，始建于明代洪武年间，李氏自沂南县铜井镇小张庄迁来。抗日战争时期，常山庄村及其附近区域是抗战活动的中心区域，徐向前、罗荣桓、陈毅等老一辈无产阶级革命家在这里战斗、工作过，还涌现出明德英（沂蒙红嫂）、王换于（沂蒙母亲）等模范人物。1941年以常山命名的常山区是战时的一个行政区，1958年才改为马牧池乡。

（二）主要旅游资源

1. 自然山水

常山庄村地处沂蒙山区腹地，占地总面积4340亩，仅山林面积就达2450亩，植被茂密，生态良好，青山、幽谷、溪流、绿野、古村等景色宜人。

图 5-8
常山庄村的长街

2. 传统建筑

村庄傍山而建，石板巷依山势而曲曲折折，小巷两旁是石头砌成的老屋，大约有 350 座。沂蒙山区其他地方也有这种古朴的老石屋，但常山庄村的石头老屋规模大、保存完好，较为少见。村中一条主街长达 2 千米，主街两侧基本上是清末至二十世纪四五十年代建造的民宅，乡土气息浓厚。

3. 红色文化

"抗战时期，山东的中心在沂蒙，沂蒙的中心在沂南，沂南的中心在常山。"① 常山庄村保留了较完整的抗战时期的山乡风貌，周围有丰富的红色文化遗址，比如火线桥旧址、"小车队长"李家才故居、战地托儿所旧址等；红色名人也比较多，在 1955—1965 年授衔的 10 位元帅、1604 名将军中，有 3 位元帅和 400 多位将军曾在

---

① 朱嘉莹. 鲁西南古村落民居调查与保护研究：以临沂市沂南县常山庄村为例[D]. 青岛：青岛理工大学，2013.

这里战斗；另外还有送子参军、送夫支前、缝军衣、做军鞋、抬担架、推小车、救伤员、抚养革命后代的红嫂。常山庄一带的红色文化内涵极为丰富，为整合沂南红色旅游资源，打造红色文化旅游区提供了丰富的素材。

（三）旅游发展过程

电视剧《沂蒙》在常山庄村拍摄并在全国热播，是常山庄村开始迅速发展的契机。2007年，《沂蒙》剧组花了几个月的时间，走遍了沂蒙山区6个县200多个村庄，最后选定了常山庄村，那时常山庄村一带完全是抗战时期的原始风貌，土山土水，甚至没有一根电线杆。

《沂蒙》拍摄后，沂南县委、县政府决定在常山庄村建设沂蒙红色影视基地，并提出由沂南县当时经济发展的排头兵南村社区与重点贫困村常山庄村结成"帮扶对子"，到常山庄村开发建设。

2008年7月，由山东沂蒙红色影视拍摄基地旅游开发公司[①]投资开发、山东省旅游规划设计院规划设计的沂蒙红色影视基地开工建设，先后开发修复了戏台、关帝庙、地主大院、李家大院、宪兵司令部、炮楼等景点。

2009年，沂南县委、县政府决定以常山庄村影视拍摄基地为中心，整合利用周边横河村和东辛庄村的红色旅游资源，主推"沂蒙"和"红嫂"两个品牌。[②]

---

① 该公司由南村社区村办集体企业山东广汇集团成立。
② 刘向元，雷蕾.山东沂南百年古村落变身"山村好莱坞"[EB/OL].（2009-10-22）[2019-04-06]. http://www.rmzxb.com.cn/jrmzxbwsj/zxtz/zxgz/t20091022_281633.htm.

图 5-9
常山庄村的大戏台

2010 年，南村社区投资 1800 万元建设中国红嫂革命纪念馆，利用古朴的农家院和大型群雕塑像，再现了当年红嫂乳汁救伤员、沂蒙母亲抚养革命后代等故事，很快便产生了良好的社会反响。[①]

立足于"红色"古村风貌和"绿色"山乡生态的沂蒙红色影视基地现主要景点有沂州城、常山古村落、爱国主义教育基地、影视服务中心、沂蒙红色写生基地等，已有电视剧《沂蒙》《娘》《反抗之真心英雄》《地道英雄》《平原枪声》《岛城风云》《永不磨灭的番号》《干得漂亮》《战雷神》，电影《沂蒙六姐妹》《斗牛》《诱杀》《一个农民的 1978—2008》等多部影视剧在这个影视基地拍摄，被誉为"山村好莱坞""中华红色堡垒第一村"，来这里接受红色教育、爱国主义教育、党性教育，以及前来近距离观看明星大腕的游客络绎不绝。2015 年，常山庄村实现了整体脱贫，并于当年被评为

---

① 山东卫视《齐鲁先锋》. 沂蒙老区建起中国"山村好莱坞"，红色文化打响品牌战 [EB/OL].（2015-08-04）[2019-04-06]. http://nancunshequ.com/Ninfo_7_70.aspx.

"中国十大最美乡村"。

常山庄村原本风貌古朴，呈现出原生态的沂蒙山乡风貌，但红色文化内涵丰富，具备良好的开发潜力。后来从影视拍摄基地起步，通过一系列尝试，发展为红色文化教育基地。之后进一步发展，成为高质量的旅游目的地，把文化场景转化为现实的产业空间，把具有单一功能的文化资源转化为多功能的产业实体，创造了巨大的经济效益。

（四）旅游活化亮点

1. 充分挖掘资源，创新旅游活动

常山庄村充分挖掘自然山水、红色文化、传统民俗、老建筑等旅游资源，整合红色旅游和乡村旅游产品，建成了集爱国主义教育、休闲、度假、观光、娱乐和体验等多种功能于一体的，富有沂蒙特色的综合型乡村旅游目的地，适应了当代乡村旅游和休闲度假旅游的需求：依靠特有的大规模石头建筑、红色文化等旅游资源，确定了"红色堡垒，沂蒙山乡"的主题，以及"红色风情观光休闲，影视文化参与体验，沂蒙古村民俗游乐"的功能，形成了红色主题研学课程体系；开展以"亲情沂蒙"为主题的教育活动，学习沂蒙红嫂事迹，感受沂蒙亲情和拥军支前文化；利用常山庄村现有的院落，展示该村特有的民俗文化，开展以乡村观光、民俗风情体验为主的活动，如了解村民生活，体验乡村文化，参与手工制作等；以影视文化为主题，对拍摄场景进行再塑，请游客参与拍摄，为游客设计了一条"跟着电影（或电视）来旅游"的精品线路，让游客体验影视旅游的乐趣。

2. 度假区管理委员会负责管理

山东省人民政府颁发的《关于试办省级旅游度假区有关问题的通知》（鲁政发〔1995〕28号）第二条规定："度假区内设立管理委员会，由所在地人民政府授予相应的行政和管理职权。"据此，常山庄村旅游度假区成立了管理委员会，履行度假区开发建设管理的职能。

3. 重视生态环境的保护

在旅游开发过程中，常山庄村把生态环境置于重要地位，防止环境质量的退化，特别注重山丘生态脆弱区和水体环境的保护，严格控制环境污染，严防生态破坏。在发展旅游过程中始终贯彻"严格保护、统一管理、合理开发、永续利用"的方针，正确处理乡村旅游资源开发和保护的关系。

五、山东省枣庄市山亭区山城街道兴隆庄村

（一）区位与发展历史

兴隆庄村位于山东省枣庄市山亭区政府驻地东北5千米处，东临翼云湖，北依"鲁南第一峰"翼云山，南接薛河，西靠山亭新城城区。

兴隆庄村原名"东岭村"，"兴隆"表达了村民对生活的希望。村庄的历史可追溯至清代乾隆年间，一单姓和一陈姓人家为躲避战乱，携家人来山中安居，以上山打柴、开荒种地为生。清代咸丰二年（1852），另一户单姓人家来此投奔族人。三户人家和睦相处，

图 5-10
兴隆庄村

图 5-11
兴隆庄村的路

就地取材，建造石头房屋居住，后逐渐成了村庄。因生活条件恶劣，又被称为"穷命村"。1986年，在政府的帮助下，兴隆庄村村民搬迁至山下，合到了沈庄村，部分老人因眷念故土老宅而留居原地。[①]2013年，该村变更为兴隆庄社区，现在是AAAA级翼云石头部落旅游度假区。

---

① 吴增祥，任润喜. 走进大山深处的"石板房村落"[J]. 走向世界，2009（10）：92-95.

(二)主要旅游资源

1. 石居山中生

兴隆庄村位于翼云山脚下，周边皆是高山，山上丛林茂密、空气清新、环境优美，民风淳朴。石板房依山而建，呈带状分布，石块、石条砌墙，薄型石板为瓦，除门窗、梁采用木材外，墙壁等其他部位全是石板或石块，很多人家中的桌、凳、灶、钵、碓、磨、槽、缸、盆等也是用石头加工而成的。建造历史最长的达260多年，是国内罕见的，鲁南规模最大、保存最完整的古村落石板房建筑群。错落有致的石板房、弯弯曲曲的石巷、哗哗流淌的泉水，使整个兴隆庄村呈粗犷古朴的风貌。

2. 白云岫里出

兴隆庄村背靠枣庄市最高峰翼云山，该山亦为鲁南最高山峰，海拔624.2米。据传山中泰山行宫的碑文记载："山名翼云，崇高也，山与云连，朝夕往来，烟雾白云与山交会，双峰白云吐扬，故名之曰翼云。"夏秋季节，翼云山云雾缭绕，形成内陆少有的云雾景观。

3. 飞泉涌石罅

由于该地特有的崮态地貌，形成石灰岩崮顶和下部页岩基础的地层结构，大气降水渗入石灰岩后下渗，遇到不透水的页岩后从地层中涌出，形成山悬飞泉的奇观。

4. 乡野厚民风

兴隆庄村历史悠久，特殊的自然环境孕育了忠厚、仁义、质朴的民风民俗，村民心地善良、热爱自然，仍保留着悠久的民俗文化，重要农事节日的庆祝活动极具特色，旅游业与当地民俗文化的结合催生了特色餐饮等旅游新业态。

(三) 旅游发展过程

2008年，石板房被列入山亭区级非物质文化遗产，树起"走进鲁南最后的石板房部落"文化品牌，对外推介发展旅游，宣扬独特的石板房文化。在2008年年底全省旅游年会上，兴隆庄村因石板房部落被评为山东省"十佳特色旅游村"。

2009年4月，影视剧《沂蒙六姐妹》和《南下》剧组在兴隆庄村取景拍摄。随着影视片的播放、文化媒体的传播，兴隆庄村的石板房被广为传播，游客纷至沓来。

2010年，山亭区石板房被评为枣庄市市级重点文物保护单位。

2011年，当地政府计划将村子整体搬到山下，拆除旧村，腾出土地招商引资上项目，并将石板房建筑群纳入旅游开发规划，修缮毁坏的房屋，打造独特的旅游品牌。

2012年，兴隆庄村被评为"逍遥游——好客山东最美乡村"，并入选第一批中国传统村落名录。当地政府为了更好地开发旅游资源，与青岛欧亚集团达成投资8.6亿元的开发协议，开始建设翼云石头部落景区。2014年，翼云石头部落景区建成开放。2015年，翼云石头部落景区顺利通过国家旅游局的严格评审，成为国家AAAA级景区。2016年，翼云石头部落景区接待游客53.2万人次，旅游综合收入6300万元。

（四）旅游活化亮点

1. 全面保留乡村文化空间

兴隆庄村具有鲁南最完整的石头民居和茂密的树林，极具旅游开发价值。开发者以石头部落为原始载体，通过旅游产品设计，把原来的乡村风貌、原味的乡村生活、原生的乡村生态"定格"，并活态化保留，村落的主要部分没有被破坏，无论是院落还是街道，均保持了原有的布局与结构，一些年久失修的房屋也被重新修缮，做到了"修旧如旧"，成为鲁南古村落的活态标本。

2. 不断提升旅游产品档次

在开发建设中，将兴隆庄村定位为展示民居、民俗文化，并建设民俗文化博物馆；划定了保护区域，对于保存较完整的石板房，实行挂牌保护；搜集整理石制品和民俗文物 200 余件，成功修缮石板民居 20 余间，原样恢复石板院落 1 处。

以乡村休闲度假为主要方式，建设具有地道乡土风格的休闲度假设施。充分利用乡村生态优势，为游客打造寻找心灵回归、寻梦乡村生活、寻求精神慰藉的休闲环境。以山水和谐、人地和谐的理念，融合大山水、古文化，多业态并举，多方位呼应，构建兴隆庄村和谐的山水格局，形成空间开合有序，要素相互补充，山、水、林、村、田、人有机融合的状态。

3. 注重兼顾社区福利

兴隆庄村在旅游开发过程中以崇尚自然、体现生态、保护文化、传承遗产为宗旨，尽最大可能保留原始风貌和原始生态，减少环境干扰，打造原生态的度假设施，为游客提供原真的乡村休闲体验。以保护乡村文化和生态、提高农民收入、提升农民生活质量、改善乡村环境、建设新型农村为目标，全面发挥旅游业的社会、经济、生态价值。在旅游开发过程中，主要采取"合作社+农户""公司+农户"的模式，引导农民脱贫致富，农户按照约定的方式参与农家餐馆、民宿、旅游商品经营，年底享受分红。

六、江苏省盐城市大丰区草堰镇草堰村

（一）区位与发展历史

草堰村位于盐城市大丰区西南方向，东临通榆河，西靠串场河，南接丁溪村，北与白驹镇接壤，是江苏省古盐运集散保护区核心区。草堰村村域包含草堰自然村和竹溪居委会，由于历史的原因，草堰传统村落一直坐落于竹溪居委会范围内（位于现草堰镇区），即大转弯河、新204国道、北越闸（草堰越闸）和草堰石闸（小海越闸）围合的区域。传统村落草堰村就在镇中，村居合一。

草堰在春秋时期已成陆，战国时期属于楚国，东汉时期已有一定规模的海盐生产，南北朝时期有"堰"之名——"南朝宋武帝刘裕避兵于草堰卧龙桥"。唐代时淮南节度判官李承筑捍海堰，成为范公堤的前身。宋代时设立了南八游场、小海场，小海场就在今草堰村内。宋代天圣年间，范仲淹和张纶先后主持重修海堰，人称"范公堤"。修筑范公堤时，取土形成了串场河，该河与夹河、环形的玉带河一起奠定了今草堰的空间格局基础——西河东

堤、水环堤绕。元代时有丁溪、小海、草堰三个盐场，此后直至清代乾隆时期，这三个盐场均在今草堰镇，其中草堰村长期是丁溪和小海的治所。

（二）主要旅游资源

1. 传统建筑

草堰村现存五街十二巷仍保持传统建筑群风貌，传统建筑以青砖小瓦、木结构、飞檐翘脊为主要特征，主要分布在竹溪古街、袁家巷、太平巷、钱家巷、朱家巷等。钱氏明代古屋、张氏明代古屋、宗氏六陈行、朱氏民居、袁氏古民居等别具一格，古屋内木雕、石雕精美，云饰、龙凤、麒麟栩栩如生。小青砖和青石板铺成的古巷道到处可见。

唐代钱家古井、关岳庙宋代井、宋代义井、明代真际庵井和西方庵井等还在正常使用，龙溪河、玉带河、小转河、大转河等都是古河。还有一段范公堤保存完好，横跨在范公堤上的草堰石闸，即小海正闸和小海越闸，又称"鸳鸯闸"，相距20米。范公堤及其界面的五座古闸、北极殿、义阡禅寺、永宁桥、朱氏民居等23处文物古迹为省、市级文物保护单位。

草堰村以盛产海盐而著称，有很多跟海盐相关的遗址，如古盐运码头、古代盐河、古代盐署、古代盐场等。

整个村落既显两淮深厚大气的盐文化，又透着江南典雅灵动的吴文化。

图 5-12
原关岳庙井

图 5-13
草堰石闸

2. 传统文化

草堰村历史悠久，大丰人张士诚（1321—1367）于元代至正十三年（1353）在草堰北极殿聚丁起义，张士诚的父亲、妹妹分别葬于现草堰石闸和永宁桥附近。每年农历七月三十（张士诚殉难日），草堰人祭拜地藏王（谐音"祭张王"）。每年农历八月十八，草堰人举办迎神赛会，实际上也是纪念张士诚，因为张士诚出生于这一天。明代著名学者朱恕也葬于草堰。

张士诚传说、望降菩萨、迎春花等民间传说或故事被列入了非物质文化遗产名录，木刻、剪纸等民间艺术也丰富多彩。①

（三）旅游发展过程

草堰村依托"海盐文化"等特有资源做大做强文化旅游产业，制订了旅游创建和提升方案，全面深化村落景点的质量体系标准化建设。草堰村对原有老房子和设施进行了重新规划，处理了污水，改善了环境，不断完善交通、供水、供电等设施，以满足旅游发展的需要。同时，草堰村还挖掘名人文化资源，积极开发民俗文化、地方特色餐饮等，建设了名人墙、仿古建筑街，复兴了当地的传统美食文化。

（四）旅游活化亮点

1. 创新组织模式

草堰村在旅游开发时采用了"村民 + 企业 + 合作社"的模式。该模式是村民自愿地通过转让、租赁、入股以及合作经营的方式，将闲置的房屋予以整合，并以专业合作社为主要载体，重点发展休闲旅游和乡村旅游。在这种模式下，村内闲置的古房得到利用，促进了村民的就业。与此同时，公司的加入使传统村落旅游开发资金短缺问题得到解决，开发时传统建筑得到了保护。

---

① 夏慧华. 草堰镇传统文化的保护研究[D]. 南京：南京农业大学，2016.

2. 政府主导

政府在草堰村保护与旅游开发方面具有重要作用：第一，对草堰村古建筑、重要遗迹等进行修缮；第二，整合和挖掘草堰村的旅游资源，并科学规划草堰村旅游布局和发展；第三，加大对草堰村旅游产品的促销和宣传力度，提高旅游档次，扩大发展规模，打造草堰文化精品旅游景区。

3. 立体营销体系

草堰村的旅游营销由镇旅游办牵头，密切联系与组织、宣传相关的部门开展文化旅游品牌策划，利用广告牌、路牌、广播、网站、微信、微博等多种媒介，开展草堰村旅游立体营销。同时，草堰村还积极调动村民和其他社会力量，扩大草堰村的社会影响。

参考文献

REFERENCES

[1] 金其铭. 农村聚落地理[M]. 北京：科学出版社，1988.
[2] 周志中，吕植. 良乡县志[M]. 台北：成文出版社，1924.
[3] 宋濂. 元史[M]. 北京：中华书局，1976.
[4] 台湾"中央研究院"历史语言研究所. 明太祖实录[M]. 台北："中央研究院"历史语言研究所，1962.
[5] 曹树基. 中国移民史：第五卷：明时期[M]. 福州：福建人民出版社，1997.
[6] 张廷玉. 明史[M]. 北京：中华书局，1974.
[7] 何炳棣. 明初以降人口及其相关问题：1368—1953[M]. 葛剑雄，译. 北京：生活·读书·新知三联书店，2000.
[8] 曹树基. 中国人口史：第四卷：明时期[M]. 上海：复旦大学出版社，2000.
[9] 拉普卜特. 宅形与文化[M]. 常青，徐菁，李颖春，等译. 北京：中国建筑工业出版社，2007.
[10] 中国社会科学院近代史研究所. 纪念中国社会科学院建院三十周年学术论文集：近代史研究所卷[M]. 北京：方志出版社，2007.
[11] 马若孟. 中国农民经济：河北和山东的农民发展：1890—1949[M]. 史建云，译. 南京：江苏人民出版社，2013.
[12] 加内特·沃尔斯利. 1860年对华战争纪实[M]. 江先发，叶红卫，译. 上海：中西书局，2013.
[13] 黄宗智. 华北的小农经济与社会变迁[M]. 北京：中华书局，1986.
[14] 从翰香. 近代冀鲁豫乡村[M]. 北京：中国社会科学出版社，1995.
[15] 《井陉县志》编纂委员会. 井陉县志[M]. 石家庄：河北人民出版社，1986.
[16] 明恩溥. 中国乡村生活[M]. 午晴，唐军，译. 北京：时事出版社，1998.
[17] 杨懋春. 近代中国农村社会之演变[M]. 台北：巨流图书公司，1970.
[18] 杨庆堃. 中国社会中的宗教：宗教的现代社会功能及其历史因素之研究[M]. 范丽珠，译. 上海：上海人民出版社，2007.
[19] 邹逸麟. 黄淮海平原历史地理[M]. 合肥：安徽教育出版社，1997.
[20] 费孝通. 乡土中国[M]. 北京：人民出版社，2008.
[21] 梁思成. 中国建筑史[M]. 天津：百花文艺出版社，2005.
[22] 曹锦清. 黄河边的中国[M]. 上海：上海文艺出版社，2013.
[23] 乔志强. 近代华北农村社会变迁[M]. 北京：人民出版社，1998.
[24] 王恩田. 齐鲁文化志[M]. 上海：上海人民出版社，1998.
[25] 徐文苑. 中国饮食文化概论[M]. 北京：清华大学出版社，北京交通大学出版社，2005.
[26] 薛林平. 北京传统村落[M]. 北京：中国建筑工业出版社，2015.
[27] 刘铁梁. 中国民俗文化志：北京：门头沟区卷[M]. 北京：中央编译出版社，2006.
[28] 仲小敏，李兆江. 天津地理[M]. 北京：北京师范大学出版社，2011.

[29] 周建明.中国传统村落：保护与发展[M].北京：中国建筑工业出版社，2014.
[30] 李仲信.山东传统民居村落[M].北京：中国林业出版社，2018.
[31] 尹钧科，吴文涛.历史上的永定河与北京[M].北京：北京燕山出版社，2005.
[32] 秦永洲.山东社会风俗史[M].济南：山东人民出版社，2011.
[33] 何光晔.中国旅游业50年[M].北京：中国旅游出版社，1999.
[34] 冯年华.乡村旅游文化学[M].北京：经济科学出版社，2011.
[35] 车震宇.传统村落旅游开发与形态变化[M].北京：科学出版社，2008.
[36] 谢彦君.基础旅游学[M].北京：中国旅游出版社，1999.
[37] 邹统钎，高中，钟林生.旅游学术思想流派[M].天津：南开大学出版社.2008.
[38] CROUCH D.Popular culture and what we make of the rural, with a case study of village allotments[J].Journal of Rural Studies, 1992, 8（3）: 229-240.
[39] MARSCHALEK I.The concept of participatory local sustainability projects in seven Chinese villages[J].Journal of Environmental Management, 2008, 87（2）: 226-235.
[40] CHEN B, NAKAMA Y.A study on village forest landscape in small island topography in Okinawa, Japan[J].Urban Forestry & Urban Greening, 2010, 9（2）: 139-148.
[41] YU Y F.Landscape transition of historic villages in southwest China[J].Frontiers of Architectural Research, 2013, 2（2）: 234-242.
[42] KASTENHOLZ E, CARNEIRO M J, MARQUES C P, et al.Understanding and managing the rural tourism experience: the case of a historical village in Portugal[J].Tourism Management Perspectives, 2012（4）: 207-214.
[43] LEPP A.Residents' attitudes towards tourism in Bigodi village, Uganda[J].Tourism Management, 2007, 28（3）: 876-885.
[44] 陶伟，陈红叶，林杰勇.句法视角下广州传统村落空间形态及认知研究[J].地理学报，2013（2）：209-218.
[45] 刘沛林，董双双.中国古村落景观的空间意象研究[J].地理研究，1998（1）：31-38.
[46] 王云才，郭焕成，杨丽.北京市郊区传统村落价值评价及可持续利用模式探讨：以北京市门头沟区传统村落的调查研究为例[J].地理科学，2006（6）：735-742.
[47] 赵勇，张捷，李娜，等.历史文化村镇保护评价体系及方法研究：以中国首批历史文化名镇（村）为例[J].地理科学，2006（4）：497-505.
[48] 王云才，杨丽，郭焕成.北京西部山区传统村落保护与旅游开发利用：以门头沟区为例[J].山地学报，2006（4）：466-472.
[49] 李萍，王倩，RYAN C.旅游对传统村落的影响研究：以安徽齐云山为例[J].旅游学刊，2012（4）：57-63.
[50] 卢松，陆林，王莉，等.古村落旅游客流时间分布特征及其影响因素研究：以世界文化遗产西递、宏村为例[J].地理科学，2004（2）：250-256.
[51] 陈喆，周涵滔.基于自组织理论的传统村落更新与新民居建设研究[J].建筑学报，2012（4）：109-114.
[52] 孙九霞.传统村落：理论内涵与发展路径[J].旅游学刊，2017（1）：1-3.
[53] 罗德胤.中国传统村落谱系建立刍议[J].世界建筑，2014（6）：104-107.
[54] 刘大均，胡静，陈君子，等.中国传统村落的空间分布格局研究[J].中国人口·资源与环境，2014（4）：157-162.
[55] 李裕瑞，刘彦随，龙花楼.黄淮海典型地区村域转型发展的特征与机理[J].地理学报，2012（6）：771-782.
[56] 陈寅恪.桃花源记旁证[J].清华大学学报（自然科学版），1936（1）：79-88.
[57] 王张峰.明代前期华北地区移民与村落重构[J].濮阳职业技术学院学报，2017（2）：31-33.
[58] 曹树基.洪武时期河北地区的人口迁移[J].复印报刊资料（经济史），1995（5）：78-94.
[59] 罗德胤.西古堡[J].小城镇建设，2003（11）：48-51.

[60] 黄忠怀.明清华北村落发展与近代基层制度变迁[J].浙江学刊,2006(2):102-106.
[61] 黄忠怀.明清华北平原村落的裂变分化与密集化过程[J].清史研究,2005(2):21-31.
[62] 孟祥晓.水患视野下清代华北平原村落的分合与内聚:以卫河流域为中心[J].郑州大学学报(哲学社会科学版),2016(3):120-125.
[63] 郑微微.地貌与村落扩展:1753—1982年河北南部村落研究[J].中国历史地理论丛,2010(3):138-147.
[64] 王庆成.晚清华北乡村:历史与规模[J].历史研究,2007(2):78-87.
[65] 黄忠怀.庙宇与华北平原明清村落社区的发展[J].历史地理,2006(0):194-208.
[66] 黄忠怀.从土地到城隍:明清华北村落社区演变中的庙宇与空间[J].清史研究,2011(4):91-99.
[67] 黄忠怀.从聚落到村落:明清华北新兴村落的生长过程[J].河北学刊,2005(1):199-206.
[68] 孟祥晓.清代卫河流域水灾对乡村居民的影响[J].西南民族大学学报(人文社科版),2016,37(6):221-226.
[69] 李裕瑞,刘彦随,龙花楼.黄淮海地区乡村发展格局与类型[J].地理研究,2011,30(9):1637-1647.
[70] 林忠辉,莫兴国.历史时期黄淮海平原农作制度变迁与农业生产环境演变[J].中国生态农业学报,2011,19(5):1072-1079.
[71] 张金萍,秦耀辰,张丽君,等.黄河下游沿岸县域经济发展的空间分异[J].经济地理,2012,32(3):16-21.
[72] 徐小跃.中国传统宗教的信仰模式及其对中国民间宗教的影响[J].江西社会科学,2006(2):22-28.
[73] 李斯.自然神论的神学根源[J].华南农业大学学报(社会科学版),2006,5(2):69-73.
[74] 范丽珠.中国宗教的制度性与散开性[J].中国宗教,2002(6):60.
[75] 赵世瑜.明清时期华北庙会研究[J].历史研究,1992(5):118-130.
[76] 刘丽,刘华领,王军.深山瑰宝:于家村石头四合院[J].小城镇建设,2005(3):66-68.
[77] 鲁科科,李润强.中原地区民俗特色文化概述[J].东南文化,2007(5):65-72.
[78] 吴增祥,任润喜.走进大山深处的"石板房村落"[J].走向世界,2009(10):92-95.
[79] 李凌.北京传统文化村落的保护与开发研究[J].北京农业职业学院学报,2015(3):68-72.
[80] 陶玉霞.传统乡村根性意象旅游感知的实证研究:以郭亮村为例[J].河南师范大学学报(哲学社会科学版),2017,44(4):69-73.
[81] 薛姣.河南省传统村落类型与形态研究[D].郑州:郑州大学,2016.
[82] 王绚.传统堡寨聚落研究[D].天津:天津大学,2004.
[83] 郎凌云.旅游型村镇住宅模式研究[D].郑州:郑州大学,2007.
[84] 刘喜梅.公地悲剧视角下乡村旅游目的地的治理:以河南省郭亮村为例[D].沈阳:沈阳师范大学,2014.
[85] 徐阳.体验视角下乡村景区旅游吸引力提升研究:以新乡市郭亮村为例[D].新乡:河南师范大学,2017.
[86] 樊娜娜.新乡郭亮村传统村落的保护与开发研究[D].新乡:河南师范大学,2017.
[87] 朱余博.京郊传统村落水环境空间探析[D].北京:北京建筑工程学院,2012.
[88] 薛晓娜.冀南地区沟谷窑洞型传统村落保护与更新规划研究:以王边村为例[D].邯郸:河北工程大学,2017.
[89] 吴文涛.这条"大文化带"值得重视[N].北京日报,2017-05-15(15).
[90] 中华人民共和国住房和城乡建设部,中华人民共和国文化部,国家文物局,等.传统村落评价认定指标体系(试行)[EB/OL].(2012-08-22)[2019-04-06].http://www.mohurd.gov.cn/wjfb/201208/t20120831_211267.html.

附录：黄淮海传统村落名单

表 6-1　黄淮海传统村落北京部分

序号	批次	名称
1	第一批 （2012-12-17）	房山区南窖乡水峪村
2		门头沟区龙泉镇琉璃渠村
3		门头沟区龙泉镇三家店村
4		门头沟区斋堂镇爨底下村
5		门头沟区斋堂镇黄岭西村
6		门头沟区斋堂镇灵水村
7		门头沟区雁翅镇苇子水村
8		顺义区龙湾屯镇焦庄户村
9		延庆县八达岭镇岔道村
10	第二批 （2013-08-26）	门头沟区斋堂镇马栏村
11		门头沟区大台街道千军台村
12		昌平区流村镇长峪城村
13		密云县新城子镇吉家营村
14	第三批 （2014-11-17）	门头沟区雁翅镇碣石村
15		门头沟区斋堂镇沿河城村
16		密云县古北口镇古北口村
17	第四批 （2016-12-09）	门头沟区斋堂镇西胡林村
18		门头沟区王平镇东石古岩村
19		房山区南窖乡南窖村
20		房山区蒲洼乡宝水村
21		密云区太师屯镇令公村

表 6-2　黄淮海传统村落天津部分

序号	批次	名称
1	第一批 （2012-12-17）	蓟州区渔阳镇西井峪村
2	第四批 （2016-12-09）	西青区杨柳青镇六街村
3		蓟州区下营镇黄崖关村

表 6-3　黄淮海传统村落河北部分

序号	批次	名称
1		石家庄市井陉县南障城镇大梁江村
2		石家庄市井陉县南障城镇吕家村
3		石家庄市井陉县于家乡于家村
4		石家庄市井陉县南峪镇地都村
5		石家庄市井陉县天长镇梁家村
6		石家庄市井陉县天长镇宋古城村
7		石家庄市井陉县天长镇小龙窝村
8		石家庄市鹿泉市白鹿泉乡水峪村
9		邯郸市磁县北贾壁乡北贾壁村
10		邯郸市磁县陶泉乡北岔口村
11		邯郸市磁县陶泉乡花驼村
12		邯郸市磁县陶泉乡南王庄村
13		邯郸市涉县固新镇固新村
14		邯郸市涉县偏城镇偏城村
15	第一批	邯郸市涉县关防乡宋家村
16	（2012-12-17）	邯郸市涉县河南店镇赤岸村
17		邯郸市涉县井店镇王金庄村
18		邯郸市武安市伯延镇伯延村
19		邯郸市武安市冶陶镇安子岭村
20		邯郸市武安市冶陶镇固义村
21		邯郸市武安市冶陶镇冶陶村
22		邯郸市武安市邑城镇白府村
23		邢台市内丘县南赛乡神头村
24		邢台市邢台县路罗镇英谈村
25		保定市清苑区冉庄镇冉庄村
26		张家口市怀来县鸡鸣驿乡鸡鸣驿村
27		张家口市蔚县南留庄镇南留庄村
28		张家口市蔚县涌泉庄乡北方城村
29		张家口市蔚县暖泉镇北官堡村
30		张家口市蔚县暖泉镇西古堡村

续表

序号	批次	名称
31	第一批 （2012-12-17）	张家口市蔚县宋家庄镇上苏庄村
32		张家口市阳原县浮图讲乡开阳村
33	第二批 （2013-08-26）	石家庄市赞皇县嶂石岩乡嶂石岩村
34		石家庄市平山县杨家桥乡大坪村
35		石家庄市平山县杨家桥乡大庄村
36		邢台市沙河市柴关乡王硇村
37		保定市顺平县腰山镇南腰山村
38		张家口市蔚县南留庄镇水东堡村
39		张家口市蔚县南留庄镇水西堡村
40	第三批 （2014-11-17）	秦皇岛市抚宁县大新寨镇界岭口村
41		邯郸市峰峰矿区和村镇金村
42		邯郸市涉县关防乡岭底村
43		邯郸市磁县陶泉乡北王庄村
44		邯郸市武安市管陶乡朝阳沟村
45		邢台市沙河市白塔镇樊下曹村
46		邢台市沙河市十里亭镇上申庄村
47		邢台市沙河市刘石岗乡大坪村
48		邢台市沙河市刘石岗乡渐凹村
49		保定市清苑区孙村乡戎官营村
50		保定市清苑区闫庄乡国公营村
51		张家口市张北县油篓沟乡黄花坪村
52		张家口市蔚县南留庄镇白后堡村
53		张家口市蔚县南留庄镇曹疃村
54		张家口市怀安县左卫镇石坡底村
55		张家口市怀安县西沙城乡东沙城村
56		张家口市怀安县西沙城乡段家庄村
57		张家口市怀安县西沙城乡朱家庄村
58	第四批 （2016-12-09）	石家庄市井陉县天长镇核桃园村
59		石家庄市井陉县天长镇长生口村
60		石家庄市井陉县天长镇吴家垴村

续表

序号	批次	名称
61		石家庄市井陉县天长镇庄旺村
62		石家庄市井陉县天长镇板桥村
63		石家庄市井陉县天长镇石桥头村
64		石家庄市井陉县天长镇乏驴岭村
65		石家庄市井陉县天长镇北关村
66		石家庄市井陉县天长镇东关村
67		石家庄市井陉县秀林镇南横口村
68		石家庄市井陉县小作镇卢峪村
69		石家庄市井陉县小作镇沙窑村
70		石家庄市井陉县南障城镇七狮村
71		石家庄市井陉县苍岩山镇杨庄村
72		石家庄市井陉县苍岩山镇汪里村
73		石家庄市井陉县测鱼镇石门村
74		石家庄市井陉县于家乡南张井村
75	第四批	石家庄市井陉县于家乡张家村
76	（2016-12-09）	石家庄市井陉县于家乡狼窝村
77		石家庄市井陉县辛庄乡小切村
78		石家庄市井陉县辛庄乡苏家嘴村
79		石家庄市井陉县辛庄乡胡仁村
80		石家庄市井陉县辛庄乡洪河漕村
81		石家庄市井陉县南王庄乡河应村
82		石家庄市平山县北冶乡黄安村
83		石家庄市平山县杨家桥乡九里铺村
84		石家庄市鹿泉区石井乡封庄村
85		唐山市滦县泡石淀乡西刘各庄村
86		邯郸市峰峰矿区和村镇李岗西村
87		邯郸市峰峰矿区界城镇老鸦峪村
88		邯郸市涉县更乐镇大洼村
89		邯郸市涉县固新镇原曲村
90		邯郸市涉县辽城乡岩上村
91		邯郸市涉县鹿头乡东鹿头村

续表

序号	批次	名称
92		邯郸市磁县白土镇吴家河村
93		邯郸市磁县白土镇五合村
94		邯郸市磁县都党乡同义村
95		邯郸市磁县北贾壁乡岗西村
96		邯郸市武安市贺进镇后临河村
97		邯郸市武安市管陶乡万谷城村
98		邯郸市武安市马家庄乡没口峪村
99		邢台市沙河市綦村镇城湾村
100		邢台市沙河市册井乡册井村
101		邢台市沙河市册井乡北盆水村
102		邢台市沙河市柴关乡安河村
103		邢台市沙河市柴关乡绿水池村
104		邢台市沙河市柴关乡彭硇村
105		邢台市沙河市柴关乡石门沟村
106	第四批 (2016-12-09)	邢台市沙河市柴关乡西沟村
107		邢台市沙河市蝉房乡后渐寺村
108		邢台市沙河市蝉房乡口上村
109		邢台市沙河市蝉房乡王茜村
110		保定市涞水县九龙镇岭南台
111		保定市安新县圈头乡圈头村
112		保定市顺平县大悲乡刘家庄村
113		张家口市蔚县代王城镇张中堡
114		张家口市蔚县暖泉镇千字村
115		张家口市蔚县暖泉镇中小堡村
116		张家口市蔚县南留庄镇史家堡村
117		张家口市蔚县南留庄镇单堠村
118		张家口市蔚县南留庄镇杜杨庄村
119		张家口市蔚县南留庄镇大饮马泉村
120		张家口市蔚县南留庄镇小饮马泉村
121		张家口市蔚县南留庄镇白河东村
122		张家口市蔚县南留庄镇白南堡

续表

序号	批次	名称
123		张家口市蔚县南留庄镇白宁堡村
124		张家口市蔚县南留庄镇坞串堡村
125		张家口市蔚县南留庄镇白中堡村
126		张家口市蔚县阳眷镇南堡村
127		张家口市蔚县宋家庄镇宋家庄村
128		张家口市蔚县宋家庄镇邢家庄村
129		张家口市蔚县宋家庄镇郑家庄
130		张家口市蔚县宋家庄镇王良庄
131		张家口市蔚县宋家庄镇大固城村
132		张家口市蔚县宋家庄镇吕家庄村
133	第四批	张家口市蔚县宋家庄镇邀渠村
134	（2016-12-09）	张家口市蔚县宋家庄镇大探口村
135		张家口市蔚县宋家庄镇北口村
136		张家口市蔚县下宫村乡浮图村
137		张家口市蔚县涌泉庄乡卜北堡村
138		张家口市蔚县涌泉庄乡任家涧村
139		张家口市蔚县涌泉庄乡辛庄村
140		张家口市蔚县白草村乡钟楼村
141		张家口市怀安县西沙城乡北庄堡村
142		张家口市怀安县西沙城乡水闸屯村
143		张家口市怀安县西沙城乡西沙城村
144		承德市丰宁满族自治县凤山镇石桥村
145		衡水市冀州市门家庄乡堤北桥村

表 6-4　黄淮海传统村落山东部分

序号	批次	名称
1		济南市章丘区官庄街道朱家峪村
2	第一批	青岛市崂山区王哥庄街道青山渔村
3	（2012-12-17）	青岛市即墨市丰城镇雄崖所村
4		淄博市周村区王村镇李家疃村

续表

序号	批次	名称
5	第一批 (2012-12-17)	淄博市淄川区太河镇梦泉村
6		淄博市淄川区太河镇上端士村
7		枣庄市山亭区山城街道兴隆庄村
8		潍坊市寒亭区寒亭街道西杨家埠村
9		泰安市岱岳区大汶口镇山西街村
10		威海市荣成市宁津街道东楮岛村
11	第二批 (2013-08-26)	青岛市即墨市金口镇凤凰村
12		烟台市招远市辛庄镇高家庄子村
13		烟台市招远市辛庄镇大涝洼村
14		烟台市招远市辛庄镇孟格庄村
15		烟台市招远市张星镇徐家村
16		威海市文登市高村镇万家村
17	第三批 (2014-11-17)	济南市平阴县洪范池镇东峪南崖村
18		枣庄市滕州市羊庄镇东辛庄村
19		烟台市牟平区姜格庄街道办事处里口山村
20		烟台市招远市辛庄镇徐家疃村
21		烟台市招远市张星镇北栾家河村
22		烟台市招远市张星镇川里林家村
23		烟台市招远市张星镇丛家村
24		烟台市招远市张星镇界沟姜家村
25		烟台市招远市张星镇口后王家村
26		烟台市招远市张星镇奶子场村
27		烟台市招远市张星镇上院村
28		烟台市招远市张星镇石棚村
29		济宁市邹城市城前镇越峰村
30		济宁市邹城市石墙镇上九山村
31		威海市荣成市俚岛镇大庄许家社区
32		威海市荣成市俚岛镇东烟墩社区
33		威海市荣成市俚岛镇烟墩角社区
34		临沂市沂南县马牧池乡常山庄村

续表

序号	批次	名称
35	第三批 （2014-11-17）	临沂市沂水县马站镇关顶村
36		临沂市平邑县柏林镇李家石屋村
37		临沂市平邑县地方镇九间棚村
38	第四批 （2016-12-09）	济南市长清区归德街道双乳村
39		济南市长清区孝里镇方峪村
40		济南市章丘区普集街道博平村
41		济南市章丘区文祖街道三德范村
42		淄博市淄川区昆仑镇张李村
43		淄博市淄川区洪山镇蒲家庄村
44		淄博市淄川区寨里镇南峪村
45		淄博市淄川区太河镇柏树村
46		淄博市淄川区太河镇永泉村
47		淄博市淄川区太河镇罗圈村
48		淄博市博山区域城镇黄连峪村
49		淄博市博山区域城镇蝴蝶峪村
50		淄博市博山区域城镇龙堂村
51		淄博市周村区北郊镇大七村
52		淄博市周村区王村镇万家村
53		枣庄市山亭区北庄镇双山涧村
54		枣庄市山亭区冯卯镇独古城村
55		枣庄市山亭区冯卯镇冯卯村
56		枣庄市滕州市柴胡店镇胡套老村
57		烟台市龙口市徐福街道桑岛村
58		烟台市龙口市诸由观镇西河阳村
59		烟台市龙口市芦头镇庵夼村
60		潍坊市青州市王府街道井塘村
61		潍坊市昌邑市龙池镇齐西村
62		泰安市东平县接山镇朝阳庄村
63		威海市荣成市俚岛镇东崮村
64		威海市荣成市人和镇院夼村

续表

序号	批次	名称
65	第四批 （2016-12-09）	莱芜市莱城区茶业口镇卧铺村
66		临沂市沂南县铜井镇竹泉村
67		临沂市沂水县马站镇八大庄村
68		临沂市沂水县夏蔚镇王庄村
69		临沂市沂水县泉庄镇崮崖村
70		临沂市费县梁邱镇邵庄村
71		临沂市费县马庄镇西南峪村
72		临沂市临沭县曹庄镇朱村
73		临沂市蒙山旅游区柏林镇金三峪村
74		菏泽市巨野县核桃园镇付庙村
75		菏泽市巨野县核桃园镇前王庄村

表 6-5　黄淮海传统村落河南部分

序号	批次	名称
1	第一批 （2012-12-17）	平顶山市宝丰县杨庄镇马街村
2		平顶山市郏县堂街镇临沣寨（村）
3		平顶山市郏县李口镇张店村
4		平顶山市郏县渣园乡渣园村
5		平顶山市郏县冢头镇西寨村
6		新乡市卫辉市狮豹头乡小店河村
7		濮阳市清丰县双庙乡单拐村
8		漯河市郾城区裴城镇裴城村
9	第二批 （2013-08-26）	平顶山市宝丰县石桥镇高皇庙村
10		平顶山市宝丰县商酒务镇北张庄村
11		平顶山市宝丰县李庄乡程庄村
12		平顶山市宝丰县大营镇大营村
13		平顶山市宝丰县大营镇白石坡村
14		平顶山市鲁山县瓦屋乡李老庄村
15		平顶山市郏县冢头镇北街村
16		平顶山市郏县冢头镇东街村

续表

序号	批次	名称
17		平顶山市郏县冢头镇李渡口村
18		平顶山市郏县茨芭镇苏坟村
19		平顶山市郏县姚庄回族乡小张庄村
20		安阳市安阳县安丰乡渔洋村
21		安阳市林州市任村镇任村村
22		安阳市林州市石板岩乡朝阳村
23		安阳市林州市石板岩乡漏子头村
24		焦作市中站区府城街道办事处北朱村
25	第二批 （2013-08-26）	焦作市修武县岸上乡一斗水村
26		焦作市修武县岸上乡东岭后村
27		焦作市修武县西村乡平顶爻村
28		焦作市修武县西村乡双庙村
29		焦作市沁阳市常平乡九渡村
30		驻马店市确山县竹沟镇竹沟村
31		鹤壁市山城区鹿楼乡大胡村
32		鹤壁市山城区鹿楼乡肥泉村
33		鹤壁市浚县卫溪街道办事处西街村
34		郑州市登封市大金店镇大金店老街
35		郑州市登封市徐庄镇柏石崖村
36		平顶山市郏县薛店镇冢王南村
37		平顶山市郏县茨芭镇齐村
38		平顶山市郏县茨芭镇山头赵村
39		平顶山市汝州市蟒川镇半扎村
40	第三批 （2014-11-17）	平顶山市汝州市夏店乡山顶村
41		安阳市林州市石板岩乡草庙村
42		安阳市林州市石板岩乡梨园坪村
43		安阳市林州市石板岩乡南湾村
44		新乡市辉县市拍石头乡张泗沟村
45		新乡市辉县市沙窑乡郭亮村
46		焦作市修武县西村乡长岭村
47		焦作市温县赵堡镇陈家沟

续表

序号	批次	名称
48	第四批 (2016-12-09)	郑州市荥阳市高山镇石洞沟村
49		郑州市新密市刘寨镇吕楼村
50		开封市祥符区朱仙镇西街村
51		平顶山市鲁山县梁洼镇鹁鸽吴村
52		平顶山市郏县薛店镇后冢王西村
53		平顶山市郏县黄道镇前谢湾村
54		平顶山市郏县渣园乡马鸿庄村
55		平顶山市汝州市焦村乡张村
56		新乡市辉县市沙窑乡水磨村
57		许昌市禹州市浅井镇扒村
58		许昌市禹州市浅井镇浅井村
59		许昌市禹州市花石镇白北村
60		许昌市禹州市张得镇张西村
61		驻马店市西平县杨庄乡仪封村
62		鹤壁市浚县白寺乡白寺村

表6-6 黄淮海传统村落江苏部分

序号	批次	名称
1	第三批 (2014-11-17)	淮安市洪泽县老子山镇龟山村
2		盐城市大丰区草堰镇草堰村

注：本附录根据住房城乡建设部、文化部（现文化和旅游部）、财政部等政府部门公布的前四批中国传统村落名录整理而得，不含第五批中国传统村落名录。

后记

AFTERWORD

中国传统村落作为中华文化遗产的重要载体，承载着中华民族的历史记忆，是人类农耕文明的重要见证，也是中华民族认同的根源，具有重要的文化价值、生态价值和经济价值。但在快速城镇化、现代化的冲击下，中国传统村落正在面临生存的挑战。传统村落的消失不仅意味着村落建筑的消亡，更意味着传统村落所蕴含的文化价值的消亡。近几十年来，随着经济的大发展以及城镇化的推进，大量青壮年走出乡村，定居城市，传统村落面临着"空心化"的窘境。如今，国家已经充分意识到传统村落保护的重要性，采取了一系列的保护措施。

"中国传统村落文化抢救与研究"系列丛书于2016年入选了"十三五"出版规划。本套丛书从文化区、物质文化、非物质文化三个方面全方位阐释中国传统村落文化。其第一辑文化区系列于2020年付梓，项目从策划到出版历时近5年。

一本书的诞生，包含着主编、编写者、编辑、校对、审读专家等众多参与者的心血。为了保证图书的如期出版，每个人都奉献和付出了许多。

感谢每一位编写者的勤勉，在繁重的教学和科研任务压力之下，他们利用每一个休息的空隙，孜孜不倦地书写着中国传统村落的过去、现在和未来，用朴实真挚的文字记录着村落的每一次成长与新生。

本书还配有大量精美图片帮助读者解读内容，但由于信息的更迭和转换，仍然有个别图片找不到原始版权的所有人。希望读到这本书，或者通过其他途径获取到这个信息的版权人，发送邮件至459202365@qq.com，主动与我们取得联系，我们感谢您的理解和支持。

我们本着保护和弘扬村落文化的初心，试图对中国传统村落进行一次科学的梳理、抢救性记录和提出保护建议，通过深度挖掘传统村落的价值，重新唤起社会关注，重振乡居生活方式。让越来越多的人通过阅读，了解传统村落文化的美好与珍贵，从而加入到保护者的行列。

2020年，突如其来的新冠肺炎疫情打乱了每个人的生活工作节奏，但是大家克服了自身的困难和心里的不安，携手走到了最后。再次感谢参与这套丛书出版的每一个人，大家的努力与付出，才促成了图书的成功付梓。我们撒下关爱村落的种子，期待在不久的未来它将长成参天大树，将传统村落文化扎根于每一位读者心间，愿这套丛书为传统村落文化的传承贡献一份微薄的力量。

丛书编委会

2020年12月